世界欠我一個你

小館長　著

前言

世界那麼大，遇見你們真好

世界很大，很高興認識你們。

做微信公眾號之前，我完全沒有想過會有那麼多人喜歡我、關注我。因為我真的很普通，樣貌不出眾，身材還有點肥胖，也沒有什麼才藝。

我是怎麼開始寫公眾號的呢？一開始的時候只是因為朋友問我要不要做公眾號，我覺得有趣就順口答應了。只是沒想過，我竟然堅持了三年多，也沒有想過會遇到那麼多喜歡我的你們，到現在我都覺得像夢一樣。

很多人其實有問過我為什麼要寫情感文章，其實剛剛開始的時候我並不知道要去寫什麼，只是碰巧朋友經常和我說她和她男朋友的事，剛好缺少素材的我，就記錄起了身邊人戀愛中的各種事情。看著她們從小心翼翼地喜歡一個人，到熱戀，再到無話可說、不了了之的地步。我也見證著大學時的情侶剛畢業就去登記結婚……

二〇一六年開始寫公眾號的時候，寫的是朋友們的事情，後來越來越多的讀者開始向我投稿，有的是記錄他們的戀愛小確幸，有的是被分手後的訴說，但我也擁有了更多的素材，在這裡也要感謝向我投稿的讀者們。

或許因為所寫故事真實動人，越來越多的人關注了我。我也收到越來越多的留言，我都看過，但因為真的回覆不過來，但我非常感謝你們一直都在。

我想把戀愛中所有的東西都給你們看，希望在你們往後的每一天裡都會有我相伴，我會與你一同分享，一直成為那個聽你們訴說分享的好朋友。

遇見懂你又能陪伴你的人真的很少，我們都是愛情裡的彷徨者，有的人談一次戀愛就能遇見最好的自己，而有的人無論談多少次戀愛都會迷失自我，但最終依舊溫柔純良。

現在，那些被你們喜歡過，溫暖過你們的故事被永久地記錄下來了。

談戀愛需要儀式感，寫故事也同樣。我的這本書《世界欠我一個你》正式與你們見面了，你可以從這本書中找到關於你的故事，它會在每一個你覺得堅持不下去的時刻，給予你力量。

我相信，你們一定會喜歡的。

嗨！我是小館長，真名叫許家潔，是一個愛寫故事的人。

世界那麼大，遇見你們真好！

前言　世界那麼大，遇見你們真好　002

CHAPTER 1
能愛自己了，再去戀愛

在對的時間遇見對的人有多重要　012
比戀愛更重要的事　014
最該放棄的是別人的評價　016
朋友，別再找我湊團折價了　019
借錢真的可以看清一個人的本質　023
你一定很孤單吧　026
我才二十多歲，卻越來越恐婚　028
太快說喜歡我的人，還是躲遠點吧　032
醒醒吧，他不愛你很久了　034
你那麼懂事，一定很辛苦吧　037
我以前很酷，也沒有愛情　040
期待愛情，也明白自己等不起愛情　044
人生就是不停的孤獨　048

目錄
CONTENTS

我全部的努力，不過完成了平凡的生活 057
何苦與誰相比，自己開心才是要緊事 061
為何舊知己最後變不成老友 064
一個人，也可以活得精彩 066
我單身，但我不想將就 068

CHAPTER 2
說起愛情，我們都還在學習

等你的消息最折磨人 072
愛情的有效期限原來這麼短 074
男生愛一個人的遞減公式 076
女生最怕男生這樣說 080
到這裡，我知道自己真正喜歡上他了 083
你要等的那個人，等到了嗎 086
儘管最後我們沒有在一起，但我很滿足 088
有些愛情終究需要放手 092
愛你，讓我懂得期待學會失望 094
為了避免結束，你避免了開始 096

這種男生，最不適合談戀愛 098
十八歲戀愛和二十八歲戀愛的區別 100
女生最容易被什麼騙 104
請多和我說說廢話吧 108
談一場每天歸零的戀愛 111
願你和深愛的人都有結果 113
其實，我心裡住著一個愛撒嬌的女孩 116

CHAPTER 3

曖昧暗戀，就是各種酸苦甜

我想你了，但是我默默地沒有告訴你 120
那時的我們真好啊 124
我怕再也遇不到讓我心動的人 126
聊天這樣結尾的人，一定很愛你 128
如果不愛，請趁早說明 132
你從未見過我在深夜裡為你痛哭 134
原來有些愛情是沒有開始的 136

目錄
CONTENTS

熬夜和想他，都戒了吧 138
再想你，也要戒掉你 140
悄悄喜歡你很久了 142
用三年愛上你，用三秒離開你 144
哪裡會有人喜歡孤獨，不過是在逞強 146
喜歡你和只想撩你的區別 148
看聊天記錄，就知道他愛不愛你 152
女生要不要主動去追男生 154
那個聊天帳號雙開的男孩後來怎麼樣了 157
願我好走，祝你保重 159

CHAPTER 4
從很愛，到不愛之間

最想要的寵愛是你給的 164
我們的愛情很簡單 168
我不喜歡異地戀，但我喜歡你 171
真的，我可以獨自熬過所有苦難 174
我真的捨不得你哭 176

我要的是毫無理由的偏心和寵愛 180
和愛說話的人談戀愛，才知道愛情有多甜 183
為什麼越來越多的人選擇愛上「小奶狗」 187
有個「小奶貓」女朋友真甜 191
一定是很喜歡你，不然他怎麼會曬恩愛 194
對你溫柔的男生，怎麼捨得讓你受委屈 196
這才是愛情最好的模樣 199
我們都在等一個和自己相契合的靈魂 202
沒什麼不解風情的直男，只要用心就是足夠喜歡 204
原來你就是我最想要的幸運 207
對方正在輸入中…… 211
請以我的方式來愛我 214
餘生，和相處舒服的人在一起 216

CHAPTER 5

分手失戀的痛，經歷過了都懂

越談越寂寞的戀愛是一種怎樣的體驗 220

目錄
CONTENTS

和前女友究竟還能不能做朋友 222
我想了又想，終於還是決定封鎖你 224
只要活著，就會有好事發生 228
後來，我們還是成了陌生人 232
什麼使你再也不會那麼熾烈地愛一個人 234
醉過方知酒濃，愛過方知情重 237
往後餘生，我的世界再也沒有你 240
親愛的，請抱抱我 243
原來你是我那麼用力愛過的人 247
失去了，我才發現你有多好 250
我還喜歡你 252
我知道我只能永遠把你放在心底 254
別想他，別等他 257
往事互不相欠，餘生各自安好 260
即使身處逆境，也要心向陽光 262
謝謝你曾經喜歡我 264

CHAPTER 1

能愛自己了，再去戀愛

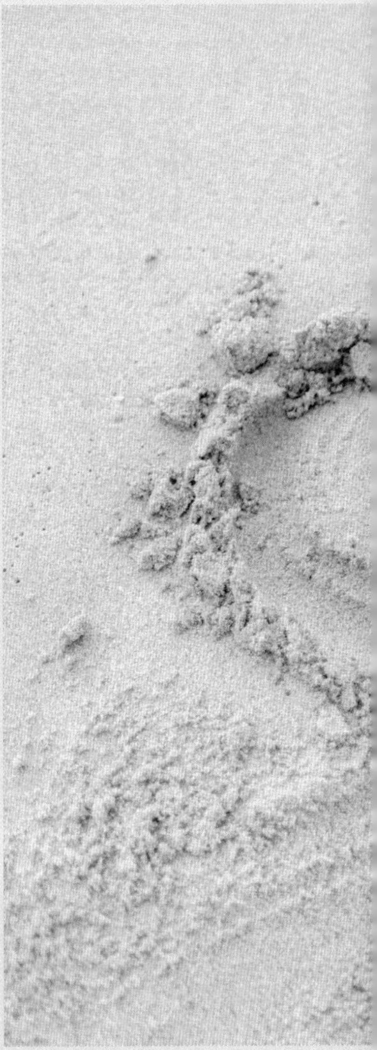

在對的時間遇見對的人有多重要

人的一生，遇到每一個人的時機真的很重要。有很多人，如果換一個時期去認識，就會有不同的結局。麵包是我的大學同學，畢業以後，他有了一份不錯的工作，短短幾年就買了車和房子，還結了婚。

之前我到了他所在的城市，他特意抽出時間來見我，還帶著他賢淑可愛的妻子。他對他妻子好到令人羨慕的程度，他願意為她拎包，陪她逛街，願意為她做一切事情。

看著麵包紳士又浪漫的舉動，我突然想起大學時，他的女朋友Y。那時候麵包才剛進大學，不會戀愛，不懂如何對女孩子好，Y在他身上受了很多委屈，經歷了很多難過的時刻。兩人在一起有三四年，直到臨近畢業的時候，分手了。這一段感情在旁人看來真的挺可惜的，但也讓麵包變得更加成熟了。

他原來是一個只在乎自己感受的少年，現在變得善解人意，溫柔起來了，他從愛中懂得了如何照顧他人。有時候我也會想，感情就是這麼巧妙的吧，假如麵包在大學的時候，遇見的是他現在的妻子，兩人未必就能相處得如此融洽吧。

人的一生，遇到每一個人的時機真的很重要，和對的人遇見得太早，那真的是一件很讓人遺憾的事情。有時候我真的希望，對的人還是晚一點再遇見吧，因為那個時候我們都足夠成熟了，再也不會莫名其妙地分開了。那時候的我們遇見過很多人，也經歷了很多事，明白自己的心，懂得如何愛人，也懂得了付出就是得到。

如果時間不對，即使遇到的是對的人，最後也還是會錯過的。我們在太年輕的時候遇見，除了愛，對其他一無所知，所以最後都會弄丟對方。後來有人請你吃了哈根達斯，有人送了你名牌首飾，有人帶你周遊世界，有人給了你名分，有人實現了你對生活的所有追求。可是很多女孩子的愛情，最初是從沒多少錢的甜品開始的。

那些荒謬的往事，那些疼痛的感情，那些生命裡出現過又消失的人，他們影響了你，塑造了你，讓你變得更加完美。有一天你會明白，人生遇到的每個人，他們的出場順序真的很重要。

比戀愛更重要的事

朋友失戀了，兩人談戀愛的時候是異地，朋友把絕大部分收入都花在來回機票和見面吃飯上了。後來他跟我苦笑，說自己人財兩空，談什麼戀愛，暴富才是正經事。那時候我也就是笑笑他膚淺，卻也覺得有時候感情確實如此，還不如錢實在。

我曾聽一個朋友傾訴說，他覺得自己快要活不下去了，不久前母親查出了病，自己在公司也一直被排擠，升職加薪無望，母親的病也得不到好的治療。

那時候朋友真的要崩潰了，每天菸不離手，但他沒有告訴我們任何人他遇到的這些困難。他也就是在那段時間分手的，一方面為家裡的事焦慮，另一方面也確實沒心思談戀愛。

看到一部劇裡的臺詞：戀愛本來就是那些時間和金錢富足的人做的事，很多人連自己都照顧不好，還談什麼戀愛。

沒事多賺錢，睏了多睡覺，不論經歷了什麼，好好對待生活比什麼都重要。

作家王爾德說：「在我年輕的時候，曾以為金錢是世界上最重要的東西。現在我老了，才知道的確如此。」

雖然這句話有些誇張，但是在生活上遇到重重困難的時候，你會發現，錢真的重要。生活裡總有讓人絕望的時候，自己的世界觀一點一點崩塌、不如意的事情一件接一件，但除了接受，你根本沒有選擇的餘地。接受它、熬下去，才有希望戰勝它，把生活過成自己希望的樣子。

作家羅曼．羅蘭說過，世界上只有一種真正的英雄主義，就是認清生活的真相以後仍然熱愛生活。錢真的很重要，能幫你迴避風險，能幫你解決生活中大多數的難題。所以有空的時候，也別想別的，多賺點錢比什麼都管用。除此之外，睡眠也真的很重要，能幫你放鬆自己、養精蓄銳。沒有什麼問題是睡一覺不能過去的。有空的時候就別東想西想了，好好睡一覺，把自己放空。

好好做你自己，過好屬於自己的生活，不要偏執得將時間浪費在沒有任何意義的事物上。發生了什麼不重要，前路多難也不重要，看清生活的真相，然後好好擁抱生活。是真的，無論是你愛了一個月，還是一年，又或者十年的人，都有可能離開你。你費了那麼大的心血，卻愛而不得，這樣的打擊真的很大。倒不是說要做一個拜金的人，或者是如何如何愛財。只是說，與其把期望放在其他人身上，倒不如讓自己變得更好。是真的，你要的那些安全感，只有你自己能給。

最該放棄的是別人的評價

《我的藍莓夜》這部電影裡，女主角和相戀五年的男友分手了，女主角看見前男友和另一個女人吃飯，走在街上看到他們在窗邊擁吻，這時候女主角的內心獨白是這樣的：「我不知道如何和生活中無法失去的人說再見，所以我沒有說再見就離開了。」

看完電影後，我的內心很久不能平靜。我不知道那是多大的勇氣，能讓她流著淚，決絕地轉身，丟棄過去的自己，踏上完全未知的旅程。

是的，就算我還愛你，可接下來的每一份愛，都是往巨大海域裡投下的一粒小小石子，別說波瀾，你連水花都看不見。

有個女孩問我：「我很想他，我走不出來，我要怎麼辦啊？」問問題的女孩們未必不知道答案，只是人啊，總是愛固執地尋找感同身受。

愛一個人從來都沒錯，可太過執著於一個不愛你的人沒有什麼意義。最難過的一種愛，大概就是那個人已經繞開路障，朝著另一條康莊大道頭也不回地走了，而你還不顧一切地撞著面前的高牆，明知是盡頭了，你還一而再再而三地想嘗試。

一個不愛你的人，說到底已經是和你毫無關係的人了，從此他的一切都與你無關。相愛的時候就全力以赴，等有一天不愛了，你也別為了他失去你自己。

愛是棋逢對手、勢均力敵，我們當然可以為愛犧牲，但前提是你同樣也愛我，同樣願意因為我而選擇委屈、妥協、包容。所以當天平失衡，你站在更高的地方俯視我，而我卻不得已對你俯首稱臣的時候，這段關係又有什麼繼續的必要，我還愛你什麼？

我們總是問：「我到底有什麼不好啊，你為什麼不愛我？」因為我們愛一個人的時候，做得最多的一件事就是承認自己的差勁，但現在我不想承認了，因為我挺好的，只是你不愛我罷了。就像電影裡那個誰都不願意吃的藍莓派，有人一開始就避之不及，有人吃到一半嫌膩遂棄，但一定有人，沒有原因地喜歡藍莓派，吃一輩子都可以很喜歡的那種。

電影裡的女主角在最後的明信片裡寫道：有時，我們依賴別人去定義、識別我們是誰，就像照鏡子，然後在每個倒影中，我們都更喜歡自己。所以說，我愛你，但我更愛自己。

BE LOVE
I am American too!
Form Connection
Refuge in Sharing LOVE!
GOD is ALL THERE is!
hate.
I LOVE The diversity of MY NEIGHborhood! OAKLAND
WE ARE THE ONES WE'VE BEEN WAITING FOR.
Everyone will be alright
Most Hatest Man in Grope
YOU ARE ENOUGH
Extreme vetting for Repubicans.
Do all the good you can for all the people you can for as long as you can.
Be APART of the solution "That MEANS you too!!"
I will not be silent for sake of "unity" at the cost of what's right!
Don't lose heart. We need you
Separation of
Stay Strong. Love each other!
Now that its done - Lets move forward as 1
I am grateful for you
LOVE WINS IN THE END
Where there is There is life.
I WILL CHANGE THE THINGS I CANNOT ACCEPT
2018 TURN THE TIDE
Trump's hate
RIGHT, temporarily defeated, is stronger than evil triumphant. MLK, Jr
We are One People
Be Active
We are still here!
KINDNESS PLEASE
HATE! STOP THE VIOLENCE!
el amor gana... siempre
The good message are important but do not forget Trump is dangerous. Do not be passive
TRUMP HATE!
DON'T FEAR FIGHT!!

朋友，別再找我湊團折價了

你有沒有遇到過這樣的情況？

幾百年沒聯繫的人，突然出現。

以為想好好聊聊，結果開口就是：「幫我轉發一下，謝謝。」「幫幫我，按讚可以抽獎。」

真的很煩人，幫忙點一下沒什麼，但是很多時候還要先關注才行。

之前被老同學拉進一個群組，裡面都是當時的高中同學。

剛開始那幾天大家聊得還挺開心的，說說各自近況、約約吃飯，但沒過幾天，群組裡的討論就漸漸冷了下來。

到後來，每天都是類似的消息，轉發轉發轉發……

還有個學妹加了我，從打招呼開始，就沒和我聊過天了。

後來，我開始收到她的訊息，「幫個忙」，「再幫一下」。

一般收到這樣的訊息，我都是很樂意幫忙的，可是發現她隔一段時間就找我，什麼一起衝人氣讓她便宜買個微波爐，什麼一起折價買個行李箱……當然兩個人也無其他交流，聊天記錄僅限這樣的訊息。

後來，我對她說：「下次不要給我發這個了……我有點忙。」

她答我：「你是誰？」

我幫你幫了那麼多次，你居然還不知道我是誰！

其實我可以理解，想透過各種方式來得到心儀的物品，本就無可厚非。

但講道理，我只是覺得這樣做了，得到的和失去的並不成正比。

讓身邊的人厭煩自己、讓其他人幫忙，消耗的他人對你的好感絕對不只一丁點。

那也有人說，反正我跟你不熟，我就是拉你這個路人來幫個忙不行嗎？

對不起，不行！

我憑什麼用我的時間來幫你？

之前我拒絕了一個人的請求之後，他直接就翻臉了：「你了不起啊？」

我真的是滿臉問號。

我拒絕你就是我不合理？那你難為我這合理嗎？

所以現在收到這類型訊息我都一概不回。

我想要的溝通不是這種，而是那些會關心你休息、想知道你去哪兒、想陪你吃飯的那種溝通。

現在找個人能聊天真的很難很難，你拿起手機想點開對話框聊天的人，真的越來越少了。

所以，我真的不想幫你折價了。不是我忙，是我真的煩了。

而且，我們不熟。

可以掰掰了。

CLOSED

借錢真的可以看清一個人的本質

看到一個朋友發的社群動態：「我求求某些人不要再裝富二代了，天天發去夜店、開香檳、去旅行的照片，你還是先把欠我的錢還上吧。」

突然想起自己之前也借了好幾筆錢給別人，帳目零碎我本來就不大記得，加上自己臉皮薄，對方一直拖著，漸漸地就變成了一筆爛帳。

後來我才相信那句話：如果你想失去一個朋友，那就借給他錢。

一開始的時候，對方熱情十足，好像多年沒見，分外想念。但是聊著聊著就突然說到需要幫忙，然後就是走流程地開口借錢了，拿到錢之後歡天喜地，消失很久。

等你主動聯繫他的時候，明明是你借給他的，卻要滿臉窘迫，甚至低聲下氣地求他還錢。明明是他向你借的，他卻振振有詞，高高在上。這真的太諷刺了。

之前有一次，有個朋友說是請我救急，手頭有點緊，我當時就借了，結果對方久久未還，中途我有找他聊天，想告訴他約好的時間到了，可他卻總是先發制人，故意岔開話題。

很久之後我厚著臉皮提了一下這個事，結果對方說：「再緩個兩天可以嗎？我真不是這種人，你不要看不起我。」

結果不是這種人的他，第二天就把我封鎖了。據說後來他還在其他人前面說我小氣，說我這人眼裡只看得到錢。為此，我心裡很不是滋味。

其實我並不是很缺那筆錢，只是被對方破壞規則的態度傷到了心。

在大學時候我有個朋友，為人仗義，身邊的人找他幫忙，他從來都是盡力為之。

後來有人以車禍住院的理由向他借了好幾千元人民幣，說好的過兩天就還，結果竟然開始長時間賴帳了。

那段時間我這個朋友真的過得很苦，借出去的是自己辛辛苦苦省下來的生活費，他也不好意思跟大家提起，每天只好躲在宿舍吃泡麵度日。

而那個跟他借錢的人呢，依然瀟灑招搖，吃火鍋，看電影……

所以那句話是真的：身邊總有幾個人借著你的錢，活得比你瀟灑。

很多時候我們選擇相信一個人，是出於真心想要幫對方的。可是往往借完錢之後，就是一陣尷尬的寂靜。

原本還有說有笑的兩人，好像斷了聯繫似的，有時候找對方聊個天也好像怪怪的。無論是誰先開口，好像要麼就是催債的，要麼就是客套一下的表面問候。

要知道很多人願意借錢的初衷，是希望兩人的關係變得更好。但事與願違，到最後兩人關係還為此變得更僵。自己的好心都被辜負了，變成了自我感動。

所以還是那句話：錢品，很多時候就是人品的體現。

借錢出去的人，不管怎麼樣，他們都做到了他們最大的寬宏與善意。

而借錢不還的那些人，他們終將因小失大，為了一時的蠅頭小利，耗光自己的信用和情義。不光在朋友眼裡形象變得很差，而且會失掉很多潛在的機會。

我也聽人說過：「欠別人的錢記得盡快還上，別人欠的錢不要去計較。借錢的時候先自己做好心理準備，不指望能完整收回這筆款。所以借的時候，數目也一定是要在自己能承受的範圍內。」

於是後來我也放寬心了，有些錢沒了也就算了吧。失去錢只是一件小事，但是能在這件事上看清對方嘴臉，從而遠離了這種人，真的比追回欠款更好。

所以後來那些很久沒聯繫我，只是一心找我借錢的人，我是這樣回應他們的：

「在嗎？」

「不在。」

你一定很孤單吧

一個人吃兩個冰淇淋，因為第二個半價；睡了一整天起床看手機，一則未讀訊息都沒有；看到一則很有趣的短文，不知道要分享給誰好；睡覺前想了很久，也沒有什麼想念的人。

吃完晚飯下樓散步的時候，看到一個老人一步步挪動椅子到樹蔭下，然後把順手帶來的涼席放在椅子上，緩慢地坐下，兩眼放空地看著遠處漸漸落下的太陽，拐杖放在一旁，旁邊還有一把椅子，但是椅子上沒有人。

忽然一種孤獨感撲面而來，感覺甚是殘忍。可能是因為太久都是自己一個人了，可能也因為很久沒有愛過誰了，所以這時候格外希望自己能愛上一個人，至少心裡有個念著的人。身為一個普通人，沒有淹沒在柴米油鹽的庸常裡，能為喜歡的人浪費一生，也實在是一種運氣。

《離島》這首歌的歌詞這樣寫道：我是一座離島人海邊的離島，世界和我禮貌微笑……我疏離得很舒服，不想治療，這種距離對大家都好……

對於少部分享受孤獨的人來說，大概和孤獨相處也是一件趣事，是一個人的狂歡。林語堂先生有個有趣的解讀：「孤獨」二字拆開來看，有孩童，有瓜果，有小犬，有蝴蝶，足以撐起一個盛夏傍晚間的巷子口。其實孤獨很熱鬧，就像一個人的狂歡。

可能像我這樣怕孤獨又厭倦與人打交道的人很多，所以有孩童、水果、貓狗、飛蠅，縱然熱鬧，到底是與另一個人的陪伴無關，所以孤單更甚。

劉若英有一首歌很好聽，叫《一輩子的孤單》，裡面有一句歌詞是這麼唱的：「我想我會一直孤單，這樣孤單一輩子。」說實在的，我真的不想這樣孤單一輩子，可是我又確實感覺自己真的一個人了好久好久，久到我都產生了一種錯覺，以為這輩子可能也就這樣了，生命中不會再出現喜歡的人了，就算喜歡，那麼他也未必會喜歡自己，所以現在的我每天過著日復一日的日子，做著重複的工作，內心沒有絲毫波瀾。

偶爾，我也會希望有一個人出現在自己的生活裡，和我有差不多的喜好，我們聽差不多的歌，我們會一起吃第二個半價的冰淇淋，我們會手牽手一起去看電影，我們相互吸引，趕走對方的孤獨，我們會在一起許久許久，在兩鬢斑白的時候，坐在兩張椅子上一起看夕陽。

我才二十多歲，卻越來越恐婚

我看到一則新聞，有一個孕婦跳樓自殺了，帶著絕望。原因是這個孕婦肚子裡的胎兒頭部偏大，為了確保產婦生產時母子平安，醫生建議剖腹產，可男方家屬堅持要順產，並在同意書上簽下「諒解意外」。

在生產中途，產婦由於疼痛難忍，多次倒地向家人求情，說她真的忍受不住疼痛了，想要剖腹產，可男方視若無睹，依然堅持必須順產。產婦終於帶著絕望，爬上五樓，帶著腹中的胎兒縱身躍下，選擇了死亡。

我和身邊的幾個朋友談及此事時，他們都說，每次看到這樣的新聞時，都變得不想結婚了。發生了上面的事情以後，有醫護人員說她曾聽到產婦說過這樣一句話：「沒想到我選錯了。」

可見她當時的心裡有多麼悲哀，辛辛苦苦為這個家庭孕育新生兒，卻沒有得到一點體諒，甚至連身為母親的生育選擇權也被剝奪。可以預見的是，即使孩子順利降生，婆婆、老公也會把她冷落在一旁，圍著剛出生的寶寶轉。

沒有嫁給愛情的女生究竟有多慘，這個產婦的事情給了我們答案：選擇了一個錯的人，真的會死人的。

現在恐婚好像變成了二十多歲女生的常態，看到微博上有人說，女孩子一定要好好努力賺錢，不然就得結婚了，有很多人轉發這條微博對此表示贊同。有時候想想真是這樣，結什麼婚啊，手機不好玩，還是零食不好吃？為什麼人一定要談戀愛，一定要結婚？

現在很多的女生都害怕結婚，害怕自己婚後變憂鬱，變成保姆，變成生育的工具，然後在平庸無趣中度過自己的一生。

以前說起愛情，我們總是一臉期待的樣子，但是現在，我們卻只感到害怕。我們開始接受事實：愛情是稀有的，也許它永遠不會發生在我們身上。有些女孩痛經都痛到昏迷，還結什麼婚生什麼孩子啊，這是在送命啊，活著就好。

有人說，嫁沒嫁對人，生個孩子就知道了，從懷孕到生子，是檢驗一個男人是不是真正愛你的最好時期。有些男人，在結婚前說完了這輩子的情話，結婚後，既不會替你分擔痛苦，還會慢慢消耗掉你對他的愛。

那個自殺的孕婦，她當初自然也是歡天喜地嫁到婆家的呀，可能她選擇放棄生命的時候，才明白自己終究是選錯了人啊。

哲學家塞內卡說過這樣的話：其實不用擔心，你們之中的很多人一輩子都不會遇見你夢想的真愛，只會因為害怕孤獨地死去，而選擇隨便找個人，互相飼養。

現在的我們二十多歲，但是對愛的理解更加複雜了，好像誰都不會愛誰一生，好像和誰在一起都行，又誰都不行。慢慢地，大家也開始把自己的心逐漸收起來了，不願意在感情中投入過多的時間和精力。

戀愛時的套路無處不在，卻沒一個人願意用心。以前我們還會因為感情哭得稀裡嘩啦，現在內心不會再有一絲波動，心臟麻木得好像停止跳動了一樣。

如果哪一天我們腦子一熱結了婚，誰知道會不會像那個孕婦一樣，陷入無盡的絕望之中呢？我們都害怕被辜負、被傷害。有些人結婚原本是想找個人風雨同舟的，沒想到人生中的大部分風雨，都是另一半帶來的，自然而然，結婚也成了一件危險係數很高的事情。於是，有時候我們就想，結婚那麼可怕，乾脆孤獨到老吧。

所以，二十多歲的我，現在並不打算結婚。我不想躺在醫院的床上時，把怎樣生孩子的決定權交給未必深愛自己的人；我也不想每天為對方買菜、做飯、洗衣服，卻還被他當作理所應當的；我不想被一個無情的家庭緊緊套牢，以及摧殘自己。我自己一個人，但至少我可以為自己做任何決定，如果是太過將就的婚姻，我一輩子單身也沒關係。

太快說喜歡我的人，還是躲遠點吧

有時候想想，人生真的太艱難了，小時候覺得自己有一根棒棒糖就很滿足了，再大些覺得考試能滿分就會很滿意，再往後，覺得只要能和喜歡的人在一起就好了。成年了，我們就變得越來越難高興起來，願望也越來越大，喜歡一個人也越來越隨便，愛一個人卻越來越難。

不要接受突如其來的喜歡，也不要相信莫名其妙的喜歡別人，如果你真的喜歡他，瞭解他之後，再說喜歡他。今天猛追你的人，明天也會同樣這樣對別人。

小余和她媽媽介紹給她的相親對象聊著，每天有一句沒一句的，小余正想著也許兩個人能走到一起。我和她說：「要是好就抓緊了，別讓他跑了。」

這話剛說完沒兩天，她就跑來和我說：「你知道嗎？我今天下午居然在咖啡廳看到他和其他人在相親。」

我說：「不是聊得不錯嗎，怎麼還趕場相親呢？」

小余搖搖頭說：「之前沒告訴你，他和我沒聊幾天就說了他很喜歡我，還說我給他的感覺和別人不一樣，問我能不能發展得快一點，說他想早點成家。現在他在那裡相親算什麼意思？果然太快就說喜歡你的人通常都是騙子。」

我放下手裡的手機，想了想說：「他對每個人都說過這樣的話吧，誰當真誰就上了他的圈套囉。」

有些人，不是放長線釣大魚，而是撒網撈魚，撈著誰就是誰。這樣的人，對待感情就像玩遊戲，上鉤了就玩玩，玩膩了就說掰掰。

我現在單身久了，身邊經常會有人問我是不是眼光太高了，我說不是，只是很難遇到我喜歡也喜歡我的人。其實單身久了，很多人會發現，也有很多人說喜歡你，只是他們的喜歡是動動嘴皮子、約你出去玩。真當你難過的時候，他們最多也就嘴上說心疼，所以，真的怪不得我們不喜歡太快說喜歡自己的人，又或者說，他其實是真的喜歡你，但是這並不妨礙他喜歡別人啊。

你喜歡吃什麼，不喜歡吃什麼，愛好是什麼，生日是什麼時候，手機號碼是多少，他記得住嗎？可能連這些最簡單的問題都不知道，就會有人說喜歡你。

不是我們變得越來越現實，是我們越來越喜歡踏實的感覺，所以喜歡看得見摸得著的東西，那些有的沒有的、漂浮不定的對我們說喜歡的人，連看一眼都懶得看。

醒醒吧，他不愛你很久了

大概很多人都有過這種困擾，和朋友聊天的時候，總有說不完的話，再小的話題，也可以擴展到宇宙那麼宏觀。但是在喜歡的人面前，我們卻總是會覺得自己情商驟降，自己笨得像個手足無措的孩子。

儘管我們費盡心思，想要營造出一種和他相談甚歡的感覺，但事實上，和他已經處於十分尷尬無聊的境地了。

我們時不時關心他是否吃飯，又在哪兒玩。我們一直自導自演、自說自話，得到的卻是對方「哈哈、嗯嗯」的回答，這真的很傷人，就像在心臟上澆了一桶冰水。

其實我們已經察覺到了，他並不是那麼不解風情，也不是嘴笨的一個人，他頻繁地把天聊死，只是因為在他眼中，我們並不有趣，也不討人喜歡。

李宗盛這樣說過：「舊愛的誓言像極了一個巴掌，每當你記起一句就挨一個耳光。」如果是這樣，每個人都會在結束一段關係後被瘋狂打臉。

那個人在我們的思念裡死過一萬次了，但我們一句話也不會向他說。

我被一個很溫柔的人愛過，有過一段非常美好的戀愛體驗。

我第一次發現連牽手都那麼快樂。和他吃的每一餐都特別開心，不管是每人平均幾百人民幣的大餐，還是街邊的小吃。我們就算從早到晚一直待在一起，也不會膩。

我們會一遍又一遍地逛住處附近的公園，不錯過每次可以擁抱親吻的一分一秒。當我碰到棘手的事情時，他做的第一件事不是安慰我，而是問我事情的經過，詳細地幫我分析，說完再一把抱住我，深吸一口氣說：「我的寶貝這麼棒，一定可以解決的！」我瞬間就沒有脾氣了，只想抱著他轉圈圈，想一口口「吃掉」他，讓他融化在我的生命裡。

可是後來呢，不知道為什麼我們之間的感情就淡了。

我們之間變得劍拔弩張，為了一句「你愛不愛我」會爭論一千一萬遍，我們吵架吵得越來越多，有的時候吼到整棟樓都聽得見。我感到疲憊，疲憊到一遍遍問自己：戀愛為什麼會變成這樣呢？

愛情最可怕的是厭倦，但是我不服輸。這麼有默契的戀人，我怕我以後的人生再也不會遇到了，所以我像一個遲遲不願離開戰場的戰士，舉著劍，心裡全是不甘、遲疑、猶豫，還有陌生，帶著我被狠狠踐踏的自尊。

狼狽到我朋友都看不下去的時候，她對我說：「醒醒吧，他不愛你很久了。」

沒錯，愛不講道理，不愛則更是。

知道他不愛我這件事只需要幾秒的反應時間，而承認、接受他不愛我的事實要花好長時間。後來我終於認清事實，然後果斷地起身，告訴自己一切都結束了，也許這才是最明智的選擇。

你那麼懂事，一定很辛苦吧

已經越來越怕聽到「你要懂事」這句話。

小時候，我想要的東西被拒絕、被剝奪，大人的理由往往是「你乖」。到後來，很多我看著渴望想要的東西，我也不敢去說去要，因為我要懂事。

「豬潔，你要懂事」這句話，就成了我控制欲望本能的一句咒語。

其實很多人都是這樣，懂得照顧其他人的感受，但在不經意裡忘了考慮自己，導致自己過得很累。

剛剛那句話該不該說？

對方聽了會不會不高興？

對方是不是會對我不滿？

你總是擔心會給別人造成麻煩，會讓別人感覺到難堪，卻從來不知道，也許別人從來沒有為你想過。

懂事，這件事本身就意味著犧牲。

一味順從，到最後你連自己喜歡什麼、討厭什麼都搞不清楚。

那些說你不懂事的人，只是因為你沒有按他想要的方向前行。

他要你懂事，只是要你順遂他的意願罷了。

韓劇《請回答 1988》裡說：懂事的孩子，只是不撒嬌罷了。

只是適應了環境做個懂事的孩子，適應了別人錯把他當成大人的眼神。

懂事的孩子，也只是孩子而已。

大家往往都只看到懂事的人有多好溝通，卻從來沒有考慮過讓他懂事的原因是什麼。只是給他施加壓力，綁架他的善良，卻總是忘了他一個人時有多孤獨難過。

我真的替這些懂事的人委屈。所以，有時候我真的希望你們不要那麼懂事。

我寧願你們自私，冷漠一點，我寧願你們更灑脫，更不受控制一點。

你要敢和不同的聲音抗衡，你要知道自己想要什麼，你要毫不妥協，不委屈自己。

懂事的人，過得真的太辛苦了。

有很多時候你都不必去逞強，你應該大膽地說：「不，我不想。」

其實很多時候真正過得開心，是在放下了所謂的自尊心之後。

希望下次有人對你說「你真是個好人」，你可以回答：「不，我是個壞人，很壞的人。」

我以前很酷，也沒有愛情

愛情本是件很不酷的事情，但我們總是被迷得瞎了眼，自以為很酷，到最後才發現其實一點都不酷。

在很努力地喜歡了一個人後，沒得到結果，知道那是一種什麼感覺嗎？就好比，我逛商場看上了一件很喜歡的衣服，但是因為昂貴的價錢，我需要每日每夜的存錢，而當我存夠了錢要去買時，發現這件衣服已經被別人買走了。

這種感覺就像和用心喜歡過的人分手一樣，失戀後，每次都會覺得好的愛情，不適合我，也不會被我遇到。

這世界有很多好的愛情，也有奮不顧身的愛情，但都不是我的。

很多時候也不是不相信愛情，只是覺得愛情和自己無關，也不相信降臨在我身上的愛情是從始至終的。

想想以前的自己真的很好，心裡沒有要想的人，也沒有要掛念的人，有過的心思從來都是怎麼把自己過得更好。

每天都很忙，忙著工作，忙著加班，忙著寫稿件，忙著賺錢，然後再忙著為自己花錢。

有酒喝，有聚餐，有心玩，有地方去，玩得也理所當然，也是從那時候起愛情和我好像就是絕緣體，從來沒有在我唾手可得的位置，沒想也沒求，過得卻很酷。

真心說，我以前很酷，也沒有愛情。

有錢傍身的時候可以過得很開心，但有愛情的時候不一定過得很幸福。

大K單身的時候，過得也很酷，比我還要酷上百倍的那種。

因為收入方面就遠遠地把我甩在後面。她可以拿著高我好幾倍的薪水，來一場說走就走的旅行，住當地最好的飯店，也能一口氣在專櫃買上萬的包包和衣服。

不過到後來，她依然能買很多上萬的東西，只是不是給自己，依然每月花很多錢，只是不是給自己，因為她遇到了愛情。

再到後來，相隔十公里的距離，他生病發燒，她請假為他送藥、熬粥，照顧他，卻抵不過一次下雨天，公司的女孩遞給他的一把傘。

愛情會把一個人變成什麼樣子呢？

大概是卑微吧。

當然，變得卑微的愛情從來都不是好愛情。

多了一個人或許會更好，但是沒了也不會變得不好。地球一直在轉，日子每天都在過，誰沒了誰不都是過，我們又何必總糾結要走的人，什麼時候回來。

如果愛情讓你變成討厭的樣子，你要知道你一個人依然可以過得很酷，就算身邊的人們出雙入對，你也不要跟風學什麼談戀愛。

一開始就沒有結果的愛情，就不要開始，因為最後不好過的還是你自己。

酷不酷和愛情無關，但是有愛情後肯定會變得不酷。

期待愛情，也明白自己等不起愛情

我很久以前看過一部電影，裡面的女主角一邊哭一邊跟男主角說：「我愛你，我們會一直在一起嗎？會結婚嗎？會有小孩嗎？我們會有自己的家嗎？我們會一起買菜、做飯、洗碗、鋪床單、晾衣服嗎？到老了我們還會像現在這樣手牽手嗎？」男主角抱著她不停地說：「會，會，會。」但是後來，他們沒有在一起。

一天半夜，朋友易豪發訊息給我：「我媽前幾個月丟給我一個能結婚的女生。」

我說然後呢？他回答我：「感覺自己快要戀愛了吧。」我說他一個大男人單身了快二十九年了，能戀愛還是家裡同意的那種，這不是好事嗎？

他發了個表情貼圖：「是啊，可能是挺不錯的事呢，但……其實我一個人過得也挺好的，一個人的日子我過慣了。」

我很好奇那個快要和他戀愛的女生是個什麼樣的人，又問他是不是他先追的女生，因為能叫他放棄已經習慣的單身生活去談戀愛的人，一定有特別之處吧。

他反問我：「要追嗎？」我沒有回答他。

他隔了一會兒對我說：「她的特別之處可能就是在剛好適合的時間出現，剛好家裡都喜歡，剛好都過得去吧。」

我隔著螢幕翻白眼，回覆他：「我算是明白了，敢情你就是覺得這一切剛好過得去，所以你才會說『感覺自己快戀愛了』。」

然後他又隔著螢幕對我說，他不是不期待愛情了，只是不相信會再遇到愛情，而且他也等不起了。

想起網路上的一則留言回應：認識十七天的女朋友，我們說好了，五月一日回家見父母、十月一日訂婚、年底結婚，所有人都說我們發展得太快了，我只是笑笑，我想說，不要再提什麼愛情了，差不多就結了吧，今年我三十一歲，我還相信愛情，卻已等不起愛情了。

本來愛情的最大意義，是一個人能夠放心將自己託付給另一個人，但很多單身的人已經習慣了孤獨，到了所謂的該結婚的年齡階段，並不是真的因為愛而結婚，而是為了完成任務似的結婚。

為什麼有些人等了很久卻依然期待愛情？

那又為什麼有些人覺得自己等不起愛情了？

因為愛情等著等著，長輩就老了，不知道有多少人能明白這句話，我們不是等不起愛情，只是有些人等不了，到了一定年紀總要結婚，我們就這樣一邊期待愛情，又在期待中任務性地完成結婚這件事。

我們越來越大，開心的事卻越來越少，能讓我們難過的事也越變越少，孤獨的日子越來越多，甚至有的人只剩感情可以期待。愛情能期待，但是等不起。

Antiquite
de PARIS
e de lille

人生就是不停的孤獨

你有一個人吃過火鍋嗎？

有。

沒有。

怎麼可能一個人吃火鍋，我人緣這麼好。

這是一個關於孤獨的問題，好像沒有多少人願意自己一個人吃火鍋。

上一次，我採訪了一些讀者，咱們來聽聽他們關於做過的一些比一個人吃火鍋還要孤獨的事。

那段關於孤單的歲月，關於成長，關於人生的故事。

小岑的故事

前段時間，我就一個人吃火鍋了，要說，比起吃火鍋更孤單的事，應該是一個人去看病吧。

大學剛畢業那會兒，很大膽，年輕氣盛，隨著性子去北漂，好不容易湊齊押金一個月預付三個月的房租。

剛剛在北京站住腳，本打算趁兒童節出去獨自一個人吃頓海底撈，趁著最後一波可享受的大學生折扣，想想就美滋滋。

沒想到，兒童節前一天，我感冒發高燒。

我一個人坐兩小時地鐵，去北京中醫醫院。（北京醫院看病好難啊啊啊）到醫院後，排隊等叫號，看著別人都有家人陪伴，或者有隨行的人，就我一個人孤零零的。掛號、去吊點滴的地方，心裡落差，那叫一個大。

更加慘的是，吊點滴已經吊了三個多小時了，中途，我想上廁所，憋了很久快憋不住了卻左右為難，不知道該怎麼辦。

最後，決定自己拎著點滴瓶去上廁所。還好，旁邊一個老爺爺陪奶奶吊點滴，幫我提著去了上廁所，避免尷尬。

邊走，那個老爺爺邊說，你的家人呢，怎麼不陪你一起看病？

那一刻，我忽然覺得好孤單好孤單，自己為什麼要受這麼多苦，來北京，連生病都沒人陪伴。

吊完點滴之後，已經深夜兩點多，我一個人搭計程車，一個人回到出租屋，一個人跌跌撞撞。

我當時想著，萬一自己死掉，恐怕也沒人發現吧。
那一刻，我真不想再一個人了，不想要這種孤單了。
北漂很可怕嗎？
不可怕！
物質條件的艱苦，比不上心靈上那種折磨、那種孤寂感。

小朱的故事

就說說發生在我身上，覺得孤單的事吧。
二〇一六年十二月十五日，用男友手機玩王者榮耀，發現他出軌了。
淘寶提示，他新買的口紅已到，一開始，我以為，是他給我的驚喜。
結果點開，給了我驚嚇。
他，一個這麼老實的男生，居然背著我，送別的女生口紅。
為了防止他找其他藉口，我又趕忙翻他聊天記錄，在通訊錄一新的朋友中，發現一個叫「不歸路」的女孩。
點開聊天記錄，呵呵！
「聊騷記錄」！
亮瞎我的眼！

當時，我氣得臉色蒼白，整個人都在發抖。

當時，想了片刻，立馬開始收拾東西，拎著行李，離開。

你們可以想像一下，就像某位明星一樣，回家後發現對方出軌，立馬打包收拾走人。

也許在外人看來，果斷離開很酷，可是過程並不酷，還有點慘，那可是冬天呀！

十二月份，天津下著大雪，我一個人，凌晨一點多，孤零零地拖著個行李箱，走在大馬路上。

我不知道該怎麼辦，我也不知道為什麼我不顧家人反對，選擇和他來到天津。很打臉，發疼發疼的那種。

我原本以為，我賭上一切，可以換來他對我的全心全意。

後來，我才發現，愛情這個東西，壓根兒不值一提。

王語嫋的故事

很倒楣！

就在前幾天，在地鐵上我的手機被小偷偷了。

我在地鐵上大叫，到底是誰偷了我手機，差點就要跪下，求著小偷把手機還我。

也許有人會說，不就是一個手機嗎？有必要這樣嗎？

有必要啊，因為我家並不是一個富裕的家庭。

那個 iPhone 手機還是我努力賺來的，暑假，在工廠裡打了兩個月工，每天十三個小時，而且廠房裡還沒空調。

不要問我為什麼用 iPhone 手機，我打算一直從大學用到工作呢！

最後，在地鐵出口站，我借了別人的手機，打電話報警。

結果警察冷漠地說，那個地方不歸他們管，讓我去某某派出所。

於是，我又一個人心情低落地跑到另外一個派出所。

結果，警察說很難找回，讓我下次多注意點。

我就像一個皮球，被踢來踢去。

掉手機這種事，好像真沒什麼好辦法解決。

身邊無依無靠，遇到一點事，只能拚命自己扛著。

希望我能遇到一個可以依靠，遇到困難危險時，他能挺身而出的人。

錢兒的故事

孤獨，從二十四歲伴隨著我。

到現在，我二十六歲，已經連續兩年。

我爸爸在我七歲那年，因白血病去世了，之後，我就沒有爸爸了。

上小學時，有一次，我和一個小孩吵架，他吵不過我，就攻擊我說，我是沒有爸爸的野孩子，可憐可嘆。

最後，老師把雙方家長叫過去，對方媽媽直接劈頭蓋臉甩來一句話：「我們不跟沒有爸爸教育的野孩子計較。」

媽媽非常生氣，頂嘴回去：「誰家還沒個意外，你這麼說我家孩子，你以為你家孩子能好到哪裡去，有爹的，只教成這樣，呵呵！」

放學之後，我想著，媽媽會責備我，可媽媽沒有一句責備，還帶我去市中心最好的一家蛋糕店，給我買了一個奶油蛋糕。

然後，她非常平靜地跟我講，以後不要打架了，有什麼事，跟媽媽說，媽媽來幫你。

媽媽還跟我說，不需要自卑，爸爸只是因為生病去了天堂，還有媽媽扛著這個家呢。

你只要好好努力念書，就一定會出人頭地。七歲之後，一直是媽媽陪伴在我身邊，我很聽媽媽話，即便是上大學，我也選擇了一個鄰近的學校，兩個小時車程，就能回到家。

並且，在大學，不敢鬆懈，發誓一定要努力賺錢，讓媽媽下半生過得好一點。

在我上大三那年，回家過年。一個親戚，塞給我一個一萬多人民幣的大紅包，然後對我說，媽媽治病要錢……然後，我才得知，我媽得了胃癌，已經是末期了。

媽媽竟然瞞我這麼久。

兩個月後，媽媽也走了。

我覺得，老天爺對我不公平，我還沒來得及孝敬媽媽，她還沒有好好享受生活，一輩子苦過來。

媽媽看不到我的交往對象，看不到我結婚，看不到我兒子，就這樣走了。

我，就是，一個孤兒。

二十五歲生日，我是一個人度過的。家裡空蕩蕩的，沒有任何人，我給爸爸媽媽上香後，選擇一個人去萬達廣場的肯德基點了全家桶，呆呆地坐了一天。

那份全家桶，似乎在諷刺我，全家只剩我一個了。

好在，最近，我喜歡上一個女孩，她也喜歡我。我向她告白，她已經答應了。

或許，這是老天對我的彌補，或許，我也可以收穫幸福。

也希望所有看到這段話的人，都能好好珍惜身邊擁有的人。有時候，有人陪伴著你，也是一種莫大的幸福。

孤獨是什麼？

孤獨是一個人待著——做什麼事情都想打開音樂，彷彿出了門，這個世界就和自己沒多大關係。

孤獨是愛而不得——遇到她之前，我享受孤獨。遇到她之後，我感到了孤獨，錯過她後，我只剩下了寂寞。

孤獨是常態——每個人生來都是孤獨的，很多人陪你走完一陣子就會離開。要明白，孤獨感無處不在。

許多時候，不要急著擺脫孤獨。

可以嘗試著直面孤獨，習慣孤獨。

我全部的努力，不過完成了平凡的生活

「雪下不下來都阻擋不了我的白，我白不白都掩飾不了一生的荒唐。」

我看了關於腦性麻痺女詩人余秀華的紀錄片《搖搖晃晃的人間》，她曾說到希望自己說話的時候能夠表情自然，能夠擁有完整的愛情，能夠有一間屬於自己的房間……她寫稻田和山林，寫日出和夕陽，卻寫不出最深的傷心。

電影的英文翻譯是「Still Tomorrow」，散場了才發現是她那句「如果還有明天，可惜還有明天」。但她還是笑著，揶揄生活的每一個陷阱。

下文的六部電影，他們是生活裡的平凡人，有的曾經站在人生頂峰突然墜落，有的一出生便命運決定了不幸的開端……像極了那句話：「小時候覺得生命應該是場喜劇，長大了才知道是部悲劇，到最後才發現，原來是場無聲的紀錄片。」

無一例外的是，他們一直用自己的方式在抵抗著生活的平庸，並且告訴我們一個真理：生活不會欺騙任何人。

「人生近看是悲劇，遠看是喜劇。」——《金牌男人》

你身邊一定有總是拿第一的「好好學生」，無論是哪方面總能輕易擊敗大部分人。他們是父母嘴裡的別人家的小孩，老師口中的優秀學生……

然而在這個故事裡，總是拿第一的金牌男人，卻在中學時代一蹶不振，發現自己什麼也做不好。直到他在中年的某一天飄落到無人島，發現自己往昔不值一提的技能全派上了用場……

「辣妹的故事，從來都很勵志。」——《墊底辣妹》

如果用一句話來概括這個故事，大概就是「年級倒數第一的辣妹在一年內偏差值提升四十以上，考入慶應大學的故事」。

高中裡的那個燙著金色頭髮，只有小學四年級程度的壞女孩，遇到了補習班的好老師，從此愛上學習，考上了好大學……

不知道現實生活中，有幾人能有逆襲的人生啊？

「一條藍色的泳褲，是最後的青春。」——《水男孩》

這是一個發生在學校游泳部的故事。被漂亮教練吸引學習花式游泳的五個大男生，必須要參加文化節，活動開始前卻發現教練懷孕待產……

一盤散沙的游泳部興致無幾，因為一次倒楣事件不得不提起精神完成表演，被逼上梁山的五個男孩，寫下了一段勵志的故事。

「好想贏，哪怕一次也好。」——《百元之戀》

三十歲就是，失敗之後還要與生活相互拍肩。三十來歲還一事無成，想想就讓人恐懼。

女主角一子日日頹喪，自感不被家人所容的一子搬了出去，並在日常光顧的百元超市謀得收銀員的職位。

這間小店雲集著許多怪人，患有憂鬱症的店長，愛嘮叨的同事，因盜竊被開除卻還時常回來拿即期食品的人……

渴望改變生活的一子選擇學習拳擊，她渴望釋放心中不委屈和不滿，渴望獲得哪怕只有一次的認可。

「NASA的一小步，人類的一大步。」——《關鍵少數》

在一九六二年，在蘇聯成功把太空船送上太空後，在當時美國還對黑人有戒備之心的時候，為了完成太空飛行，NASA召集了非裔美國數學家凱薩琳與桃樂絲和瑪莉兩位「同事」組成智囊團，為太空人約翰·格倫成功繞地球軌道飛行做出貢獻。在此過程中，NASA 也打破了對黑人的歧視……

「世界從來不公平，只有你叫我第一名。」——《叫我第一名》

這是一部來自真實故事的改編電影。

患有先天性的妥瑞氏症的男孩布萊德，無法控制地扭動脖子和發出奇怪的聲音。這使他受到同學老師的歧視，就連他的父親也對他失望透頂。只有母親一直鼓勵他，讓他能夠在正常人的生活裡艱難前行。直到他有了成為一名教師的夢想，在不斷努力下，曲折的人生道路也在慢慢好轉……

何苦與誰相比，自己開心才是要緊事

豬潔畢業後，就有很多同學開始結婚了，參加一個又一個聚會的時候，大家都聊最近怎麼怎麼樣，慢慢就會有差距感。

沒有男朋友，工作還沒有找到，而當你知道你的同學們已經結婚生子，還有穩定工作的時候，你就會開始自責，有一種一畢業就和別人拉開很大距離的落差感。

曾經和你玩得最好的幾個朋友沒有更新過社群動態，也不找你說話了，就像消失了一樣。

所以我在社群網站上寫過一句很喪氣的話：「我變成了懦弱的代言人，我想逃避。」

一踏入社會，錢、愛情、工作……你都想擁有，但你的能力跟不上你想要的。

以前我覺得好像人生只要擁有好的工作、愛情、房子，就可以獲得幸福了。但現在，我發現環境給我的固定思維，真的會改變我的人生。

就像如果沒有愛情，三四十歲不結婚，那麼你的人生就會不完整。

如果女孩沒買到奢侈品，那麼她是不會快樂的。
如果你拿到很低的薪水，那麼證明你是個不成功的人。
……
這種被大家貼上標籤的東西，我們習慣了。（但我不是說追求物質的人怎樣，每個人的追求都不一樣，只是不要覺得別人做什麼你就該做什麼。）
所以，我才發現我從來沒追逐過自我。
自己想做什麼。
自己想過什麼樣的生活。
自己想成為什麼樣的人。
之前在社群網站上轉發過一句話，我覺得可以用來提醒自己：「如果你的人生總是要去和誰對比，是真的好無聊。」
祝大家，找到自己想要的並持之以恆。
做人吶，最要緊的就是開心。

為何舊知己最後變不成老友

聽說所有人都能在《最佳損友》這首歌裡對號入座，因為一定有這麼一個人，當年你們徹夜聊天，無話不說，就著可樂，可以把所有開心、難過、糾結、不堪不吐不快。

你們有一樣的興趣愛好，英雄夢想，無所畏懼地願意隨時與這世界幹一架。十幾二十歲的年紀裡，你們的名字緊緊連在一起，誰都知道你們關係好，你們是彼此的聯想辭彙與關鍵字。

那時候，我們好像都把友情當戀愛談，占有欲強到，甚至覺得對方的朋友只能有你一個，看見他跟別的女孩子親暱地貼在一起講話，都能嫉妒地生氣好幾天。一定有這樣一個人，存在過你的生命裡吧，但是如今，他在哪兒呢？就像朴樹的《那些花兒》裡面唱到的一樣，散落在天涯了。

大家都這麼說，只有小孩子才問「你為什麼不理我」，成年人都是彼此默契地相互疏遠。可到底，我們是什麼時候走到這一步的呢？雖然我們不一定願意承認，也許是地域之間的隔斷，也許是彼此前進步伐的不同，也許是大家的交際圈並無重合……就是這些一點一滴的細節，卻產生了你我之間的巨大鴻溝。

我們可能也嘗試過，嘗試在我們之間再拉一條連接線，可是這條線又長又細，太脆弱了，任何阻礙都能將它割斷。你一定這樣想過，等忙完了最近手頭的工作再和他聯繫；等你放假了有時間了再去他的城市見他；等有機會了再和他說說你最近的戀情。等呀等，等呀等，終於等到了你們漸行漸遠，曾經的好朋友有了新的好朋友，曾經重要的事情也變得沒有那麼重要。

你也終於明白，有些事情，不是你努力了就可以的。這世界有時太過複雜，與我們當年看過的純潔無瑕的星空大有不同。很多關係甚至在無聲無息之間就分崩離析，我們只能在不經意地想起時，化成一生嘆息，可那些他曾給過你的、別人無法替代的陪伴，是可以讓你記住一輩子的，這未嘗不是最好的告別。

我知道如今我們各有際遇，各有路走，可當年那些通宵促膝長談的日子，我真的痛快過，不知你有沒有。

一個人，也可以活得精彩

朋友一個接一個地問：「你怎麼不找男朋友啊？」七大姑八大姨馬不停蹄地催：「你怎麼還談不著戀愛啊？」全世界都在說，愛情真美好啊。

其實你喜歡過很多人，也跟很多人微妙地擦肩而過，不是沒有人追求，喜歡自己的人也堅持過很久。你是不是也在問自己：「我為什麼到現在還是獨自一個人呢？」

有人給孤獨分過級，最低一級是一個人逛超市，最高一級是一個人做手術。從一看到十，你是不是也嚇一跳，好像百分之七八十都是你本人。

「你看那個人，孤單得好像一隻狗哦。」

我也真的一個人去吃過海底撈，對著對面位置上服務生貼心放置的玩偶熊，忍不住哭出聲，一邊吃著肥牛肉片一邊稀裡嘩啦地哭，誰知道醬料裡有沒有混著我的鼻涕眼淚，總之那頓飯難吃極了。

崩潰之下我想，要不要將就一下談個戀愛試一試呢，無論是誰都可以，只不過一段感情而已。

可我在獨自回去的路上，感受到路過的風，感受到涼爽，感受到路燈的光的溫柔，感受到一切事物的陪伴的時候，我把理智拉了回來。

我不要。

無論多麼難過我也不要失掉信心，帶著我盲目又愚蠢的執著，帶著它們往前走，路過所有與我原則相悖的成人感情世界的法則。我拒絕低頭，我拒絕臣服，我一個人，也可以活得精彩。

我單身，但我不想將就

我在網路上看到一句話說：「生命如果不能浪費在我所喜歡的人身上，那我寧願把生命浪費在自己身上。」可是現在看來，有太多的人，會因為某些事、某些人而選擇去將就了。

很多時候，我們都會因為害怕落單所以去將就，因為害怕現實所以去將就，因為寂寞所以去將就，因為父母的催促所以選擇將就，為湊合而將就，又因將就而湊合。

生活已經在將就了，我們卻把愛情也將就了，那還剩什麼，我們都不願意為了自己去用個心，可將就久了，就再也不願意去將就了。

我們不是因為喜歡自由去單身，而是因為比起單身，我更不願將就罷了。以前，我總想著等談戀愛了，兩個人遛狗養貓，好好地逛街、看電影、去旅行；等有了房子，就好好收納整理，創造一個溫馨的家。等有了很多錢，就去旅遊，吃吃喝喝玩樂；等老了，就畫畫、養花、慢慢散步。

後來，我開始努力工作，自己養狗養貓，晚上抱貓遛狗，週末收拾收拾家裡，然後出門逛街看場自己喜歡的電影。

其實一個人，也可以過得很好，自己想要什麼比誰都清楚，既然一個人也可以過得很好，所以，我不願意委屈自己去將就。我想，在未來遇見喜歡的人時告訴他，我和他在一起不是將就。

面對一個喜歡的人，我可以買菜、炒菜、刷鍋洗碗，還樂此不疲，而他只需要在我揮動鍋鏟的時候，在我後面抱我一下就夠了。

而面對一個將就的人，可能他做完菜擺在我面前，我還會覺得菜太少、湯太燙、飯太多，這就是我不想將就的原因。

我記得好多年前，我對朋友說過一句話：「戀愛談多了會把人性談沒的。」戀愛談多了就開始走形式，這樣的形式走多了，可不就麻木了，不再像以前那般充滿期待憧憬，久而久之，大部分的人選擇去將就、去湊合。生活在湊合，喜歡的人在湊合，婚姻也在湊合，什麼都在湊合，我們都活在湊合裡。

我早上醒來，睜眼看到的應該是喜歡的人，而不是湊合的人；早餐是要和喜歡的人，而不是和將就的人一起分享的；晚上應該和喜歡的人，而不是和將就的人窩在沙發裡看劇的。

我想要幸福的生活，為了等你，我推掉了所有將就。

CHAPTER 2

說起愛情，我們都還在學習

等你的消息最折磨人

以前你總是習慣熬夜，然後我也故意很晚都不睡，盯著時間十二點後，我就會冒出來和你說話，裝作是和你一樣睡不著，那樣子就可以和你聊天了，可是你都不知道我都快要睏死了。

我會和你分享我喜歡聽的歌，碰巧你也喜歡，其實是我知道了你的喜好讓自己去喜歡的，然後才有了不經意的碰巧。無數次的碰巧背後，都是我對你的喜歡。我們每次聊的話題，都是我精心想過的，能讓你感興趣的話題。你不找我聊天的時候，我會點了又點我們的聊天對話框，把聊天記錄翻來覆去地看了一遍又一遍。

後來你離開我了，我熬夜的習慣卻怎麼都改不掉。你給我發一個「嗯」，我還是會繼續和你說話，可是我發一個「嗯」，你就沒有然後了。

我總是為你的不回覆找各種理由，你沒玩手機，還是手機沒網路了？怎麼一直沒給我回覆。我總是在你遲遲不回我訊息後，提著心睡不安穩。手機要是有一點動靜，我就迫不及待地去解鎖查看。

在無數次解鎖時欣喜的目光和查看完止不住地失望後，我總算明白了，原來等你回覆訊息簡直是一種煎熬。其實我滿難過的，我對你這麼好，你卻總這樣不冷不熱的，可我毫無辦法，誰叫一開始主動的人是我。

偶爾我也會想，當我終於消失在追逐你的長途裡，某個夜裡你的手機微微一震，你會不會恍然地以為，還是我給你的溫柔最好。

一個人只有在很愛很愛你的時候才會患得患失，才會因為你的一句話想太多而變得疑神疑鬼，才會為了你讓自己失眠，才會對你胡鬧、生氣得像個耍賴的小孩，才會對你和別人不一樣。所以你領領情吧，你怎麼不想想，如果不是因為愛你，我那麼折騰自己是為了什麼。

我知道，在乎我的人從來不願意讓我等太久；我給你發出的每一則訊息，向你傳遞的每一份真誠和善意，對你來說其實都沒有任何意義。

你還是會頻繁地出現在我眼前，我每天無數次點開你的社群動態查看你的近況。你會發動態貼文，可你就是遲遲不回我訊息，即使有時你出乎意料地回覆我了，也吝嗇地只說一句敷衍的話，只是為了把我打發走。

我難過、煎熬，在深夜輾轉反側，可你卻依然無動於衷。我突然間就覺得，就算我和你走過多少路，為你做過多少瘋狂的事，給過你多少的感動，以後再想起來時，你還是會滿不在乎，而還沒說話眼眶就濕潤的人，是我，不是你。

愛情的有效期限原來這麼短

愛情的有效期限，就像開了瓶的汽水，滋啦滋啦地冒掉了所有的氣泡，只剩下那帶有甜味的糖精水，味道變了那麼它終究會「壞掉」，有效期限也不過是一串毫無意義的數字。

這個世界上有什麼東西是不會過期的嗎？麵包會過期，牛奶會過期，蛋糕會過期，沒有物質形式的愛情也會過期。

有些愛情，可能已經開始變質了，你卻渾然不知，還以為它正在像酒一樣發酵，越陳越香，直到打開那刻才發現味道變了，一點也不適合自己了。有些愛情，可能永遠沒有有效期限，但是你卻正在一點點無情地踐踏著它，直到有一天失去它的時候，你才明白，可那時已經晚了。

我以為我的周遭，沒有在保鮮期內嘗到愛情滋味的只有我一個，直到有天和好哥們吃飯，他藉著酒意開始碎碎念起前女友。

他倆愛情長跑九年，中間雙方相處得都很不錯，雖然說也有各種小吵小鬧，但是還是撐了過來，眼看到了談婚論嫁的關頭，這段關係卻戛然而止。好哥們前女友家庭背景不錯，獨女，相比之下，好哥們家的背景較差且有兩兄弟，女方想讓他入贅，好哥們礙於面子，遲遲沒有做出決定。女方給了他一年的時間，最終無果，只能被迫選擇結束這段感情。

好哥們很是不解，難道九年的感情就這樣付之一炬嗎？沒有絲毫的留戀與不捨，女友走得頭也不回，在和他分手的半年後，草草地相親嫁給了一個門當戶對的男生。

其實女方會如此草率地相親嫁人，不僅是家裡給她的壓力，更是女生對好哥們對她的愛產生了懷疑，在最後時刻，女方還是選擇了分手，選擇了一個相對來說有保障的未來。

愛情會不會過期，說白了完全取決於保存方式。可是一輩子那麼長，遇見的人那麼多，經歷的事情那麼雜，我們怎麼敢拍著胸脯保證我的愛情一輩子不會過期啊，即使是空氣也怕有耗盡的一天，那樣的信誓旦旦在外人看來是自說自話吧。說到這裡，我也開始迷茫了，也開始看不懂愛情，只能無奈地搖搖頭了。

男生愛一個人的遞減公式

剛開始的時候，他對你的喜歡是一百分

一段感情開始的時候，往往也是你們關係最好的時候。那時候他滿心歡喜地找你聊天，對他而言，你的一切都讓他感到新鮮。他每天和你說早安、晚安，會與你分享很多他生活中的瑣事，從起床洗漱聊到一日三餐。你們聊愛好，聊人生，有說不完的話。

他會時不時地問你有沒有空，巴不得天天約你出去。看電影、逛街……他願意花時間和你待上一整天。你們兩個人也從生疏變得越來越瞭解，你也逐漸習慣他的存在。

你開始接受他的時候，他對你的喜歡變成八十分

慢慢地，你發現你已經淪陷了，這個算不上特別優秀的男孩，在你眼裡居然一天天變得討人喜歡。你甚至會覺得，他再按捺著不向你表白的話，你都要等不及主動出擊了。

你們最終還是在一起了，你已經非常喜歡他了，也開始期待著甜蜜的日子能夠長久。可他好像有點變化了，儘管不是很明顯，但是你能感覺到。

自從在一起之後，他跟你聊天沒有剛開始那樣勤快了，對約好出去玩的日子也沒那麼期待了。你在他的眼裡讀出了一點不一樣的東西，可那時候你還是安慰自己，感情平淡最好。

他開始變得不滿足時，對你的喜歡減少到六十分

你從來就沒有說過自己有多完美，一開始喜歡上你是他做的決定，到後來，他卻變得不滿足了。他嫌棄你化妝太慢，聲音不好聽或者頭髮太亂。總之，過去那個把你視為女神，捧在天上的男生，現在開始嫌棄你。過去你甚至都看不上他，現在他卻開始變得不滿足，這真的很諷刺的。

他總說忙的時候，對你的喜歡只剩四十分

慢慢地，兩個人約會的次數好像越來越少了，你從來沒有想過他會如此冷漠，一點不在意你的感受。

他不會費盡心思逗你開心，也不會給你準備驚喜的小禮物了，甚至你說一起去看電影的時候，他流露出了不情願的樣子。

剛開始的時候是你不想搭理他，他還拚命找話題，到現在好像顛倒了過來。你沒有他的遊戲重要，也沒有他的工作重要，甚至他願意花時間睡覺，也不願意多陪你一會兒。他開始不接你電話，也不點開你發給他的語音訊息。

明明他是你男朋友，卻好像從來都沒有存在過一樣。你需要他的時候，他永遠都不在，因為他沒有那麼喜歡你了。

他要把你封鎖的時候，對你的喜歡只剩下二十分

忍了很久之後，你還是跟他攤牌了，你覺得這太不公平了，一直以來你對他的喜歡都是遞增的，你越來越依賴他，可他對你的喜歡卻是遞減的，對你越來越冷淡。當初追你的人明明是他，憑什麼最後卻像是你追他一樣。明明是他先喜歡的你，最後分手時最捨不下的人卻變成了你。所以你最後跟他吵了一架，你把你想說的都說了。

他也沒有逃避，只是在聽完之後默默把你封鎖了。

他對你視若無睹的時候，對你的喜歡變成了零分

很長一段時間過後，你們剛好在某個聚會上碰見了，你十分尷尬，想要迴避他，可他卻大大方方地跟你聊天。從他的眼神裡你可以看到，他對你已經沒有一丁點喜歡了，他只是把你當作一個可有可無的陌生人，只是禮貌地和你聊上幾句罷了。這時候你才明白，一個男生狠心起來，真的是很令人絕情的。他可以在一瞬間把過往所有美好都抹殺掉，然後像一個沒事人似的走開。他已經不喜歡你了，是真的。

最後

經常有人說，談戀愛時，千萬不要愛得太滿。不要以為你喜歡他是滿分，他對你的喜歡也是滿分，太愛一個人，他會習慣你對他的好，而忘了自己也應該付出。

也許深情的人從來都會被辜負，只有薄情的人才會被反覆思念，有些人出現在你的世界裡，只會帶給你傷害。現在回想起來，還是算了，那個人要是不能一直愛下去，乾脆別出現了吧，不如各過各的，好自為之。

女生最怕男生這樣說

戀人之間最不動聲色傷人的話，就是「隨便你」，很多男人最喜歡講的也是「隨便你」，敷衍又不解風情，吃飯說隨便，看什麼說隨便，買什麼也說隨便。不管戀愛與否，總有那麼一個人，當你興致勃勃對他說了好多，到頭來也只是聽來一句他的「隨便」。

小夏和她男友，在小夏公司的樓外，解決關於兩個人還要不要繼續在一起的問題。小夏問他：「我們還要不要繼續在一起？」

他沉默了半天：「我都可以的，不知道你是怎麼想的？」

小夏看著他：「不要每次都問我怎麼想的，現在是我問你，是我在問你！」

「我……我都可以，只要你願意和我繼續在一起，我也願意的。」她男友慢吞吞地說道。

小夏氣得用包包砸了他：「什麼我願不願意，如果我說我不願意呢？」

他把頭撇向別處：「如果你不願意，我也沒關係，隨便你吧。」

「每次都是一句『隨便你』來搪塞我。吃飯隨便，買東西隨便，做決定隨便，我找男朋友不是讓他每天隨便我的。」小夏留下這句話轉身朝著公司走去。

相信很多人都有過類似的經歷吧，對方看似把一切做決定的權力都交給了你，實際卻把一切的結果都丟給你去面對，那些好的壞的、後悔的不後悔的都變成了你的責任。

不清不楚比明確表達來得可怕，當你在為一件事情苦惱許久時，愛你的人總是願意花時間去瞭解你和幫你解決，而不是皺著眉頭說隨便你。「隨便你」並不是一切都隨你安排和決定，只是他自己沒法選和不想選的藉口罷了。

我和前任談戀愛的時候，有次兩個人為了看哪一部電影起了爭執，最後對方扔下一句「隨便你」。儘管這時候在別人看來是我贏了，但是我卻沒了看電影的心思。試想，原本你高高興興地和對方談著計畫，他卻丟下一句「隨便你」，你還會有心情談計畫、聊剩下的內容嗎？

你對一個人有好感時，一開始只是為了見到他，後來變成了喜歡他，再後來恨不得抱緊他告訴他你喜歡他，但最後卻換來「無所謂」「隨便你」，你還會有心情去愛嗎？喜歡就是喜歡，不喜歡就是不喜歡，就算說出隨便，也不會真的讓我開心分毫，所以，所有的隨便你只會讓人心灰意冷，如果一段戀情最後剩下無數遍隨便的話，那麼這段隨便的戀情，也真的該結束了。

到這裡，我知道自己真正喜歡上他了

航妹大概是酒醉後情緒湧上心頭，嘴裡一直嘀咕著：「Yb，其實我也沒有多喜歡你，不然我怎麼會才過了一年，就忘了你的樣子。」

Yb是她分手一年的前男友，她總說他們在一起的時候幾乎天天吵架，如果早知道他們在一起的時間只有這麼短，那她一定會用這些時間，多跟他說說肉麻的話，多抱抱他。

她也總說：「我也沒有多喜歡他吧，他也沒有多好，沒有很高，身材也不是很好，臉上也會長痘痘，抽菸、喝酒，還愛打遊戲。其實，他跟我的理想型差遠了。」

但這世界上，最好的愛情並不是才子配佳人，也不是白富美找高富帥，而是你明明在等白馬王子，卻偏偏被一個普通人給收了心，你本來一心覓帥哥，卻和一個小胖子談起了感情。如果你的心是一把鎖，那就會有莫名其妙的鑰匙來打開，根本不是原來成套的，所以別給未來的男朋友定標準，愛上誰就是誰。

之前有一句話：希望我是那個讓你心動的人，而不是你權衡再三覺得還不錯的人。若真心相互喜歡，考慮的問題一定是愛不愛，而不是其他一大堆客觀的因素。其實我覺得，真正合適你的人不一定要有多優秀，不一定要很好看，或者家庭背景很好，但他應該要懂你，知道怎麼能讓你開心，這樣你們共度漫長的一生，才不會太費勁。

如果你遇到這樣一個人，一切糾結都會歸於沉靜，所有的條件都會變得簡單，就不會太在乎那些外在的東西。

曾經看過一個問題：怎麼檢驗一個人是否愛你？有一個答案是這麼說的：做，是檢驗真愛的第一標準。看一個人是否愛你，首先看他為你做了什麼。

想起有個主持人說的一番話：等我女兒長大了，我會告訴她，如果一個男人心疼你擠公車，埋怨你不按時吃飯，一直提醒你少喝酒傷身體，陰雨天囑咐你下班回家注意安全，生病時發搞笑簡訊哄你……請不要理他，然後跟那個可以開車送你，生病陪你，吃飯帶你，下班接你，跟你說「什麼爛工作，別幹了，跟我回家」的人在一起。跟你在一起的那個人，應該是最懂你，最討你喜歡的人。

之前在網路上的熱門留言回應看過這樣一段話：真正喜歡上一個人，應該是害羞得不敢表白，會總感覺配不上他，可卻渴望追到他，和他發訊息時總有講不完的話，見面後卻欲言又止，沉默地微笑離開，而心裡卻有千言萬語。

真正喜歡一個人，寧願被對方誤認為是木頭，少動幾下、少說幾句，只因怕最醜的樣子被看到，最沒品味的話被聽到。

如果我遇到喜歡的人，我會對他沒有一點戒備，甚至有時會刻意在他出現的周邊表現得馬虎隨便，把我好的壞的一面都呈現在他的面前。

你要等的那個人，等到了嗎

讓你等一個人十年，你等嗎？最後等到了嗎？

我的高中同學阿備，他當時有個特別喜歡的女朋友，但是對方高二的時候去英國念書了。

一年後，我們大家都畢業了，出國的出國，去其他城市的去其他城市，他也選擇了去國外念大學，他申請的是英國的一所學校，他在申請表上寫下這樣一段話：「我喜歡的女孩在你們國家上大學，我想漂洋過海追求她，我想用我現在所有的愛離她再近些。」

就在大家以為他肯定會去那個國家時，他的申請表被拒絕了，本來他家裡就不同意他出國，正好以此為藉口向他施壓，讓他留在了國內。從那天起，他就把網路上的簽名檔改了：離得遠又如何，等你回來便是。一直到現在，六年多過去了，他還在等。

我們幾個同學聚會的時候，有人勸他不要等了，等不回來的，他氣得摔了酒瓶，讓對方不要多管閒事，最後一個人蹲在馬路上待半天。我跑出來蹲在一邊問他：「對方回來找過你沒？」

他搖搖頭，頓了一下說：「我知道她不會回來了，我也不會去找她了。」

我問他：「那為什麼還要等？」

他說：「剛開始我以為等著等著她很快就回來了，後來等著等著就習慣了，再後來我就知道她真的不會回來了，但是我還想再等等。」

有時候，人總是會很執著於一件事或一個人，那些夜深人靜的晚上，那些小小的執著，被你小心翼翼地一點一點藏在枕頭下，那些思念和悲傷被帶進睡夢中。

一個人想見你，會奮不顧身地來見你；想回來，就會奮不顧身地回來；想讓你等，會說一個期限並遵守這個期限；想愛你真的就會跑著來擁抱你。

其實，等一個人很久沒關係，一年、五年或者七年，如果你願意等，那也沒關係，你等等吧，但是一而再地要你等一等的人，你就不要等了，因為他自己都不知道期限在哪裡，他也很容易就會和另一個人走。

我們啊，總有那麼幾個清晨非常想念一個人，想給他發簡訊，又怕對方身邊已經有人陪伴。我們總要有那麼一個青春和過往，花些時間等一件美好的事，等一個喜歡的人。如果你喜歡的人一直等不到，就不要等了。

儘管最後我們沒有在一起，但我很滿足

我們都熾熱地、掏心掏肺地愛過一個人，但也被狠狠地傷害過。

我曾經以為世界很美，生日的願望會實現，過去會懷念，喜歡可以一輩子，糖一定是甜的。後來我知道，糖有酸的，牽手不能一輩子，喜歡可以不在一起。如果最後我們沒有在一起，那也沒關係，我喜歡過你，你也喜歡過我就好。

要是我們在一起了，那就最好了。畢竟我喜歡你，是想和你在一起。

在逛超市的時候，朋友SHOMA和我說，現在喜歡一個人不像以前那樣巴不得在一起，讓全世界的人都知道才行，這個社會把感情節奏帶得越來越快，在我們還沒回神的時候，喜歡的人就消失不見了，到後來，我們再去喜歡一個人的時候，總會把這份喜歡放在心裡，等著它慢慢淡去。因為我們越來越害怕，愛被消耗掉，害怕再喜歡一個人，得不到回應。

我對朋友SHOMA說，人吶，這一輩子會遇到很多人，做很多事，有的事做對了，有些做錯了，有的人錯過了，有的人辜負了。可是無論如何，在我們遇到特別的人的時候，我們總是會時不時有點甜蜜的幻想：想著在黃昏漫步，兩個人走在林蔭滿滿的小路上，直到太陽消失；想著有一天睡到自然醒，消磨清晨的時光；想著騎單車，在海邊吹吹風；儘管我們想了很多，但心裡明白，這也只是想想而已。

喜歡了就是喜歡了，喜歡的人不能在一起沒關係。我們總是明知關燈玩手機會近視，卻還是習慣在被窩裡玩通宵；明知零食吃多了會胖，還是忍不住去吃；明知熬夜會傷身體，還是愛那麼晚睡；明知那個人不愛自己了，自己還是奮不顧身去愛他。

我們心裡明明一開始就知道，在一起是不可能的，或早或晚都是要放手的，卻總也不甘心，還是想和你在一起，所以我想趁著喜歡的時候，多喜歡你一點。我喜歡你，最好是在一起，畢竟我想要你只對我好、只對我笑、只擁抱我。

你也要知道，雖然我們因為這個因為那個，最後沒有在一起，但是我想讓你知道，你牽我手的時候我很滿足，你吻我的時候我很開心，你說喜歡我的時候我很心動。有些愛，雖然我們沒有讓它永遠地留下，但是我們笑過哭過的過程是真的，喜歡你也是真的。

love is love

有些愛情終究需要放手

以前聽過一個故事，我特別喜歡。故事說的是北宋著名的學者程顥，他在十六七歲的時候，非常喜愛打獵，但是後來呢，他想要集中注意力研究學問，沒有時間和精力去打獵，只好忍痛割愛，然後他跑去跟所有的好朋友說：「我不再喜歡打獵啦。」

有個朋友就告訴他：「千萬不要說得那麼容易，我看你不是不喜愛打獵，而是把這種心思隱埋起來罷了。說不定哪一天這種心思被喚醒了，你還是會像年輕時一樣，高高興興地去打一陣子獵的。」

程顥不置可否，但這席話，在十二年後得到了驗證。有一次程顥外出歸來，在田野裡見人打獵，頓時想起了打獵的樂趣，於是高興得手癢起來，躍躍欲試。

好朋友老林問我，如果我曾愛過的那個人時隔多年又出現了，要我跟他走，我走不走。我笑說這個問題太難了，我沒有答案。

每個人的一生中，好像總避免不了這樣的事情發生，我們總會因為各式各樣艱深複雜的原因，被迫和一個愛的人走散，他曾是你生命的一部分，他曾經將你的生活填充完滿，又徹底打破了你對愛情的認知，他是你整個少年時代的歡喜，更是你日後夜不能寐的陰影，所以他若再次出現，必定激起千層浪，你明白，你逃不過。有人真的會選擇回頭，千千萬萬遍，為他在所不惜。

我想了好久，如果他再次出現，並且挽留我；那麼我的答案一定是不會和他復合，我還是會愛他，只是我不會跟他走了，縱使他痴情撒嬌，我也不願意我們的愛情再來一次了。

沒有什麼是一成不變的，時間變了，生活變了，人也是會變的。我們總要長大，我們遲早會變成和過去的自己不同的人，若此時回想過去的戀人，回想一下年少時的心境，我也不知我是否還能像曾經那樣，全心全意、毫無顧忌地愛一個人。

這個故事的最後，程顥忽然回憶起那個朋友說過的話，於是便硬是壓制了要打獵的欲望，逕自走回家去。

就如同我和曾經喜歡過的人之間的故事一樣，哪怕事隔經年，哪怕我愛他依舊，可是我深知，回過頭再一次愛他便如葉公好龍，我怕了，不願再嘗試了，也不會再將心親手交與他，任由他蹂躪了。於是愛他這回事啊，真的不如算了。

愛你，讓我懂得期待學會失望

即使我愛你，想為你做許多，可曾經的就是曾經的，都已經是過去式了。我覺得很多人都特別有意思，有人愛你的時候，你不珍惜，非得放肆地想玩就玩、想走就走，等玩夠了，又像個孩子似地跑回來找對方；一次兩次後，你再跑回來找，發現一直在原地等你的人找不著了；接著你開始後悔，開始試圖挽回對方，而你已經對他造成了很大的傷害。

我和小夕一起吃飯時，她說，以前來來回回糾纏了好多年的前任又回來找她了，對方想著要和她從頭來過，而且這次挺有誠意，一副浪子回頭、洗心革面的樣子出現在小夕的面前。

我問她自己是怎麼想的，她說沒想了，也不敢再想了，得到的再失去，失去的再回來，回來的再失去，來來回回折磨得她麻木了，就放下了。

失去比得不到更可怕，因為它多了一個曾經，那些曾經，足夠折磨一個人很長一段時間。

有時候，喜歡上一個人可能只需要一時，但忘記一個人卻要花上一輩子的時間，那些來了又走，走了又回來的人，總有一個本事——叫人學會期待和失望，然後絕望。

對小夕的前男友來說，小夕就是那個他玩累了，想回家了，就不要臉地跑回來，當什麼都沒發生一樣的避風港。但是他不知道，一直以來為他敞開的避風港搬遷了，再也不會對他敞開了。

後來，我聽朋友說，小夕前任這次是真的想認認真真地和小夕過下去了，但是小夕依然不肯再給他機會，也不願意再有什麼糾纏。

我想，真的回來又怎樣？曾經連頭都不回的人，走了不也是真的嗎？多少個夜晚，小夕以為自己快熬不下去，難過得要死不也是真的嗎？難道最後他回來了，就能把一切都當作沒發生過嗎？或許小夕可以當沒發生過，但是痛苦的記憶還在啊。

我們總是學不會長大和珍惜，總要讓那個一直等待的人等了又等，最後等你的人終於走了，你才懂得怎麼去愛，可是晚了。一開始的時候，我們很多人都想著就這樣在一起，一直到永遠吧，後來就想著算了，就這樣吧。有時候想想，我以前很愛你的，特別特別愛你，但是這件事也算是過去了，該翻頁了。

為了避免結束，你避免了開始

有一段時間，一個街頭採訪影片大紅了，影片中，一個工作人員問年輕姊姊：「你覺得男人一個月賺多少薪水可以養活你。」年輕姊姊很靦腆地說：「只要他能帶我吃飯就好。」幾句簡單的對話，她瞬間在網路爆紅，引得各個男生對女孩心動起來。

一夜之間女孩的微博瘋漲幾百萬粉絲，甚至有很多人坐上飛機要去成都娶她。有人說，喜歡這個女孩的大部分男孩子都是沒有志氣的，想空手娶別人，管飽就夠，也有很多人說並不是，大家只是喜歡這樣一個願意與自己同甘共苦的對象。

大概是因為現實太殘酷，所以女生的這種簡單要求容易引起他們的共鳴。確實，有些時候男生會遇到拜金女，女生會遇到渣男，經歷過一次次的挫折，我們對愛無能為力。顧城的《避免》有一句話：「你不願意種花，你說：『我不願看見它一點點凋落。』是的，為了避免結束，你避免了一切開始。」

有些人嘴裡說著不談戀愛，其實是被人傷怕了，所以寧願不談戀愛，也不想再被人傷害。每個人想要的愛情很簡單，只要你愛我就好了，可是你也清楚，這太難了。即使有一天有人真的愛你，你也會選擇不敢去相信。

本來我想寫的主題是，你圖什麼不好，偏圖一個人對你好。但不知道是不是近年的經歷讓我改變了想法，我開始不會對別人要求什麼了。

我朋友問我喜歡什麼樣的男生，換作以前，我可能會喜歡一個很陽光、有六塊腹肌、長相英俊的少年吧，可現在，我想找一個和我聊得來，能和我一起為生活共同努力的人。和他一起探索更多未知的東西，才會一直保持新鮮感。

以前我們不知道自己真正喜歡什麼，所以要求都是很表面的東西，現在知道了，不圖錢，不圖房子，不圖他帥不帥了，反而更難遇到那個對的人了。

以前一個人的時候，窮得理直氣壯，現在，你害怕窮了，你害怕以後的另一半會因為你受苦。以前的時候，你以為愛一個人是取悅他，現在你知道了，愛一個人之前，你要懂得學會取悅自己。

你總說想要真愛，可是你連怎麼愛別人、怎麼維持一段感情都弄不明白，還說什麼呢?當你戀愛不是因為無聊、不是因為孤獨才談的時候，當你戀愛不是為了獲得錢、房子才談的時候，當你戀愛不是為了生活需要才談的時候，你的真愛便會出現。

這種男生，最不適合談戀愛

有人問我，溫柔的感情是怎樣的，我腦海裡總會想起小時候看過的電影《重慶森林》的鏡頭：金城武飾演的角色在女生睡著之後，輕輕地為她脫去鞋子，並小心翼翼地用自己的領帶把女生的鞋子擦乾淨。我當時覺得這個男主角好溫柔啊，這樣的男生一定很成熟，等我長大了也要談這樣成熟的戀愛。後來，我才知道，成熟和年齡無關，而跟一個人的經歷有關。

很多人說，在一段失敗的感情裡，那些失落感和無助感會伴隨著時間慢慢消失，我們除了收穫一段失敗的戀情，也會收穫全新的自己：變得成熟。漸漸地，我們對待感情都會變得淡然。

很多人分手，都是因為對方太不成熟。十八歲的時候，我們不會考慮那麼多，長得好看就會去喜歡；個子高、唱歌好聽也會去喜歡。那時候我們覺得開心就好，太成熟反而覺得不可理喻。不過現在不行，二十多歲的我們，肯定不能只談那些看似浪漫卻不成熟的戀愛，可能一天兩天很開心，時間久了就累了。

好朋友小柴跟我吐槽：「氣死了，他怎麼還是那麼幼稚啊！」她男友畢業好幾年了，還是小孩子脾氣，工作不順心了就鬧辭職，遇到委屈了就和家裡人吵。小柴要他陪自己一起去買菜的時候，他嘴上也嘟囔著不願意去、嫌麻煩的話。她男朋友不光在生活上這樣，愛情裡也是。

有時候兩人吵架了，他也從不低頭，他可以在前一晚上說盡狠話，第二天卻裝作沒事人一樣對待小柴。他還年輕，以為一切事情，都能靠對方對自己的寬容來解決。

之前小柴跟他提了要好好存錢的事情，其實這也是為了兩人的未來著想，結果他完全不領情地說：「怎麼，你是嫌我沒錢，還是怕我賺不到錢啊？」語氣冰冷得讓小柴心寒。小柴要的只是對方的態度和決心，女孩子可以跟喜歡的人吃一段時間苦，但吃一輩子苦，還是算了吧。

有人說，女孩永遠比同年齡的男孩成熟。女孩的成熟，沒有一個同齡的男孩招架得住，也許他可愛、幽默，但是他終究還是太年輕，他會迷路也會偏執，還會像孩子似的喋喋不休，和這樣的人相處久了，對自己都是種折磨。

不成熟的愛是因為我需要你，所以我愛你；成熟的愛是因為我愛你，所以我需要你。所以啊，女孩們，下次不要和小男孩在一起了，要談就談成熟的戀愛，你沒有那麼多的時間和精力再去等他長大了。

十八歲戀愛和二十八歲戀愛的區別

十八歲那年，我們見識不多，當年發生的一切在很多年後想起，卻依然驚豔了時光。

看到有個朋友，在朋友圈放了張她十八歲時的照片，我突然想起高中比較要好的一個同學。我們已經很久很久沒聯繫了，但是我依然記得多年前遇見她時，她和我說起的話：「我一直都很喜歡他，但是我們之間最親密的接觸也不過就是畢業時一個擁抱，不過這個擁抱真的讓我歡喜了很久很久。」

對很多人來說，年少時的愛情，一定是你談過最好的一段戀愛吧。十八歲的你，可以朝氣蓬勃地對愛慕的人說：「我喜歡你。」二十八歲的你，不再講「喜歡和不喜歡」，而是藏起所有心裡期盼已久的愛。

大概年少時的愛情，在一起是喜歡，分手是因為不喜歡；長大後，在一起是剛好適合，分手是因為你沒車、沒房、沒存款。

十八歲時的戀愛是什麼樣子的？

十八歲時的愛情，不管是暗戀、明戀，還是說不清道不明的曖昧，那種感覺都是很美好的，也是很多年以後，我們再也不可能擁有的。那時候，心裡只要有喜歡的人，就會慌亂得不行，要做好幾天的內心爭戰，才能鼓起勇氣，紅著臉對喜歡的人講出「我喜歡你」四個字。

對於喜歡的人，有時候遠遠地看上一眼，就會開心不已，擦肩而過更會心跳加速，如果作業本靠在一起放，就彷彿自己和這個人在一起了一樣。再過分一點的想法，也不過就是上課的時候，希望能坐同一張桌子，放學了能一起做環境打掃、一起回家……

那個時候我們會一邊「無所顧忌」地喜歡，一邊時刻提防班導師。那時候的我們投入了自己所有的感情、精力和勇氣去喜歡一個人，學生時代也不過就是這麼簡單。

二十八歲時的戀愛是什麼樣子的？

我曾經聽到過很可怕的一句話：「大學時期沒有談戀愛的，到了工作之後，大概不出兩年，就只能等相親了。」成年之後的感情都摻雜著不同的情感。

長大了以後，我們的生活不再只有感情，我們大多開始忙碌，不再對戀愛投入過多的經歷。二十八歲，我們不講究愛不愛、喜不喜歡，我們的愛情沒有轟轟烈烈，只有合不合適、舒不舒服、兩個家庭背景相不相當，僅此而已。

十八歲談愛不愛，二十八歲談合不合適

很多年以後，會有不少人在下雨天為你送傘，但你永遠都忘不了，多年前那個為你送傘的人。對我來說，十八歲時夢裡夢見的人，第二天我會不顧一切地跑去見他，但二十八歲時的我不會再這樣做了。

女生最容易被什麼騙

聽歌的時候，我看到一句留言：不要跟文學素養較高的男生談戀愛，他們動三分感情就能寫出十二分的愛。

其實我覺得也不是說什麼文學素養、情話能力高低，女孩子真正需要提防的是那種看起來對你愛到不行，但其實愛得非常膚淺的男生。

經常聽到有人說喜歡你，但是他卻經常忘掉你的生日，忘掉你說的話，他總是把最差的禮物送給你，明明把你放在了他心裡最不重要的位置上，還騙你說你占據了他的整個心。

女生最容易被什麼騙？答案很簡單：讓你感動的最廉價行為。

不花錢的甜言蜜語、不會累的按讚留言、平安夜的小禮物、跨年夜的簡訊，這些最不費力的方式最容易讓女生感動。女孩子總是容易喜歡上那個找自己聊天、誇自己好看的人。她會覺得那個人對自己真好，可到了後來她才明白，這樣的男生真的很幼稚、很沒勁。

記得有人說過一句很椎心的話：「有人喜歡你那是因為你很好，你值得被人喜歡。」如果一個女生總是被廉價的行為所打動，結果自然很明顯，她只是一個未經世事的小女生罷了。

睡前刷社群動態的時候，我看到葉子更新了狀態：「我覺得差不多了，到此為止吧。」當時已經挺晚了，我按完讚就去睡了，等我早上醒來時，手機提示有幾十則來自葉子的訊息。我看了她發的訊息知道，她向男友提出分手了。

那個男孩一開始追她的時候對她真的是很好，一有時間就會陪在她身邊，還會按時接送她上下班。男生會時不時地給她一些小驚喜，比如，會在巧克力盒裡藏口紅，或者送她一大堆可愛的娃娃，也會往女生的公司郵寄玫瑰花。那段時間的葉子，總是露出甜蜜的笑容。這樣子的浪漫持續了大概有幾個月，男孩就變了，對她變得異常冷淡，沒有了禮物和情話就算了，連早安、晚安都沒有了，一消失就是一整天。

葉子說，一天晚上她給男孩打了個電話問他在幹嘛，結果對方一直掛斷不接，等到終於接通了的時候，對方卻劈頭蓋臉罵她：「我和朋友在一起，你煩不煩！」聽得出男生周圍的環境很喧鬧，葉子沒有作聲，卡在喉嚨裡的話也嚥了下去，她把電話掛斷，默默刪掉了男孩的一切聯繫方式。

她打電話沒有來得及說的是，「我想你了。」可最後，索性連「再見」也省去了。

我覺得葉子做得挺對的，放棄一個不愛你的人，就是一個好的決定，這才是自愛的明智之舉。當我們在感情裡受傷的時候，一定要想辦法和自己和解，不要讓不甘心操縱了自己，因為一直不甘心放手的人，到最後只會讓自己更加受傷。

談戀愛就是這樣，我們不可能不受傷，只願你懂得及時止損與不要回頭，學會如何割捨掉那種無意義的感情。要知道，一個人最酷的時候，就是決定放手，灑脫向前走的時候，可能轉身的一瞬間很孤單吧，可是你不知道你的背影有多好看。

YOUR HEART
I WILL CHOOSE

請多和我說說廢話吧

「喂。」

「嗯。」

「喂。」

「哦。」

「喂。」

「嗯哼。」

「收到請嗶一聲。」

「嗶。」

我和 SHOMA 每個晚上都會聊到深夜，沒有具體的聊天的主題，偶爾不聊天對望著，也不會感到尷尬不安，有時候像兩個外星人用電波對話一樣。

對，我們每個晚上都在說廢話。

豬潔，和我聊天你會覺得很無聊嗎？
給個眼神你自己體會吧。
哈哈哈哈哈哈，好吧，我以後就要煩著你。

我是個聊天的時候很喜歡用表情貼圖的人，一句話帶一個表情貼圖。如果沒有表情貼圖，我感覺表達不出我想要的意思，但有的人聊天真的不怎麼用表情貼圖。
我認識SHOMA的時候，他也是這樣，一點兒都不喜歡用貼圖。
有一天，我心情很糟糕，無端地和他發脾氣，他反而主動發表情貼圖來討我歡喜。
SHOMA這個朋友真的很可愛。
我記得在高中的時候和好朋友鬧脾氣，我用表情貼圖挽留他，他卻把我刪掉了。
這年頭，能找個聊得來的人太難了。
坐在辦公室裡好無聊，超級無聊。
點開SHOMA的聊天視窗，想告訴他我有多無聊，想把無聊分享給他：「你看我把無聊給你了，你幫我保存起來哦，記得不用還給我了。哈哈哈！」
不知道為什麼，和他說完，我就會莫名的開心起來。

想起之前在網路上看到一段話：有一天我吃完泡麵，發現洗潔精用光了，隨手用刮鬍泡洗碗時，會覺得要是有一個女朋友就好了。並不是因為有了女朋友就不會吃泡麵，也不是因為有了女朋友就會有人幫我洗碗，是我想在洗完碗轉身回去時，會有個人在那裡，等著我一臉神祕地說：「嘿！你猜我剛剛用什麼洗的碗？」

我想感嘆的是，能有個說雞毛蒜皮的小事、和你瞎聊的人，真好啊！

你廁所衛生紙用的是什麼牌子，也想告訴他。

你長了多少顆痘痘，也想數給他聽。

你經過廣場看到阿姨們在跳廣場舞，也想分享給他。

你吃飽了打嗝，也會想起告訴他。

……

真的好無聊，但也好有趣哦。

拜託了，請和我瑣碎地嘮叨嘮叨吧。

人生不就因為這些無關緊要的事才可愛嗎？

談一場每天歸零的戀愛

很多分手的戀人，開始時乾柴烈火，往往談到後來，感情自然而然就淡下去了。不需要其他人的介入，只是單純地覺得沒有剛認識那會兒的感覺了。

剛開始認識的那會兒，我們總感覺什麼都能聊下去，看對方這裡那裡都順眼。那時候我們滿心歡喜，對對方充滿好奇心，想要瞭解對方是個怎樣的人，我們可以從早上聊到晚上，交換所有的表情貼圖，講電話講到手機沒電。那時的我們始終無法克制自己對對方的愛，即使對方只是為自己做了一件很小的事情，自己也會為此感動不已。

到後來，慢慢地喜歡了、在一起了，再一點點的往後，就感覺新鮮感好像透支了。從「很喜歡你」到「好的、晚安」，從「時時刻刻想跟你說話」到「覺得你很煩」，好像只相隔了幾個月的時間。

金城武在電影《重慶森林》裡說：「秋刀魚會過期，肉罐頭會過期，連保鮮膜都會過期，我開始懷疑，在這個世界上，還有什麼東西是不會過期的？」如果可以的話，真的想談一場每天歸零的戀愛。

以前看一部電影：妻子失憶了，每天都會忘記前一天發生的事情，早上都會對丈夫說同樣的話。我覺得，有時候把前一天愛情的美妙與陪伴都忘記了是很遺憾，但到了第二天，他們還是能像第一次約會時那麼相愛。

其實這樣也挺好的，所以真的想要一段能夠一邊戀愛一邊歸零的感情。我會珍惜和你在一起的每一天，你也會在意我對你說的每一句我想你了。真的希望每天都能和你再相愛一遍，每天都是新的一天，這樣就好了。

珍惜和你的每一次約會，我們在一起的每一個瞬間都獨一無二，你的每一個眼神都會讓我心動。我們的愛像沙漏那樣，周而復始，每天重新來過，永遠不會停止。雖然說得很簡單，但「重新開始」這四個字卻是那麼難實現，很多人試了一萬種方法也沒法回到最開始的狀態。

戀情剛開始的時候那種對對方不夠瞭解、充滿好奇，矇著眼睛互相摸索的心情，真的太美好了。但後來這些還是改變了，愛會無限增加，也會無限遞減，有些感情走到後來就徹底淡了。真的讓人難過，所以要是愛情能每天歸零就好了，每一天都能見到一個全新的你，愛上一個心動的你，可惜一切都不能歸零。

願你和深愛的人都有結果

其實啊，我想談戀愛了，想談一場很久很久的戀愛。

一個人很久之後，越來越感覺，喜歡上別人這件事，真的要下定很大的決心。我不想再遇上昨天還說很想我，今天就跟我說想分開的人了。速食愛情真的沒有意義，找人牽手很容易，要在一起很多年卻很難。

我很久都沒有談戀愛了，不是因為沒有遇到心動的男孩子，只是想起之前談過的一段戀愛，真的太難過了。從喜歡，到分開，到絕望，那段日子就像針扎一般疼痛不已。我已經再也不想度過這樣一段日子了，我只想找個喜歡的人，能夠一直喜歡下去。沒有那些互相猜疑，也沒有那些磨合陣痛，我們能夠好好地相處，保持新鮮感的喜歡，能夠每天都像第一次相愛那樣。

有時候，看到身邊朋友從高中談戀愛一直到步入婚姻的殿堂，覺得不可思議，那該是有多喜歡啊，我要什麼時候才能遇到這樣一個人，看不膩，也愛不膩。我真的不想再談一場毫無意義的戀愛了，我想遇見對的人，和對的人談一場長長久久的戀愛。

我在的城市降溫的時候，身上穿的衣服也增加了，突然就覺得，嗯，這個季節應該談場戀愛了。大概少女心這種東西就是這樣，即使你看起來再堅強，可能也會在某個瞬間，心突然就柔軟起來。

你想要談戀愛的瞬間，不是看著鄰桌的情侶依偎、而你獨自吃飯的時刻，不是看電影時發現別人出雙入對、而只有你是自己一個人的時候，不是參加別人婚禮的時候，也不是感冒生病沒人照顧的時候，而是在這樣一個有點小冷的日子，窩在沙發上聽著溫柔的音樂的時候，這時候你突然覺得世界真是太美好了，真的好想找個人聊聊天，所以談戀愛這種事，真的是自然而然發生的啊。

過去，我以為自己一個人也可以，現在，我越來越渴望像小孩子一樣，去談一場讓人心動又心定的戀愛。兩個人沒事就吐槽對方胖了，電話打起來沒完沒了，一起好好工作，也一起玩遊戲，會兩個人看攻略做減肥餐，也會靠在一起看劇吃高熱量食物。我可以在冷的時候牽他的手，毫無顧忌地和他撒嬌。我很想很想身邊有這樣一個人，一看到這個人啊，就覺得這個世界太美好了。真的不單單是想談一場戀愛呀，我想談的是那種，很久很久都不分手的戀愛。最後，也願你和深愛的人都有結果。

其實，我心裡住著一個愛撒嬌的女孩

節假日社群網站裡的人都曬出了各種聚會的圖，唯獨我在家很頹喪地躺在沙發上，滑手機滑到沒東西看，於是切換到微信，點開微信卻發現沒人找我，真無聊。是不是每個人都有節目就我沒有，難道就我不受歡迎？

好像真的是，我真的是一個不會討人喜歡的女孩子。真的想做一個討人喜歡、粉粉的少女，在二十出頭的年紀裡談一場戀愛，和對方說我喜歡你，把手給他牽，嘟嘟嘴就能親親的女孩子啊。

不討人喜歡的女孩活著有點糟糕。

「你這麼man，應該不喜歡這些吧。」同事拿著幾個玩偶對著我說。

其實……我喜歡，可是嘴皮超硬，於是說我不喜歡。

可是我怎麼會不喜歡，我明明很喜歡，你怎麼不假裝硬塞給我呢？

心裡明明住著一個愛撒嬌的女孩，表面卻那麼要強，什麼時候你才會軟弱一下啊？明明耍耍嘴皮，撒撒嬌就能有糖吃，明明說一句我想你了，就能談戀愛……

可是呢，年紀不大卻說不出矯情的話，我想你了，我愛你，這些話在嘴裡一句都吐不出來，想想就想作嘔。

如果什麼時候，我會對那個人說出「我想你」這三個字，大概對他是真愛了。

我想有人約，做一個普通的女孩，談一場甜甜的戀愛，能和你撒撒嬌，像小貓一樣在你的懷裡蹭蹭，然後你摸著我的臉說：「你真可愛。」

想回家就有人和我說：「你回來啦，今天辛苦了。」

願你卸下鎧甲，累的時候能有個人依靠，說晚安的人就睡在你身邊。

CHAPTER 3

曖昧暗戀，就是各種酸苦甜

我想你了，但是我默默地沒有告訴你

我想你了，但我沒有告訴你，你可能知道，也可能不知道。早上醒來，還沒洗臉刷牙的時候，我就翻出手機跟你說：「早呀，你醒了啊。」中午好不容易忙完，閒下來一會兒的時候，我發訊息給你：「你吃飯了嗎？」

到了晚上我也一直沒睡，其實我不是真的習慣那麼晚睡，只是沒有跟你說話，我很難睡著。我希望在我找你之前，你先對我說晚安，但你沒有，所以我也就沒睡。

有時候我想你了，當我想起你的時候，我總是會心神不寧，無論眼睛看到了什麼、耳朵聽見了什麼、嘴裡嚐著什麼……總之，想的都是你。

這時候所有人我都不想理，我只想好好跟你說說話，告訴你我今天一天是怎麼過的，好事、壞事我都想告訴你：上班路上突然下了雨，我的鞋子都濕透了；中午的外賣很難吃，我倒掉了；我第一次在娃娃機上抓到這麼多個布娃娃；回家路上還有個可愛的老奶奶送了我花，我很開心，就像見到你時那麼開心。總之，這就是我很簡單的一天，我想全部告訴你的一天。

但是我沒有，在訊息輸入欄打了很長一段話都刪了，歌單的列表早都循環了幾遍，我還是不敢發出訊息。有時候好不容易下定決心了，給你發了句「你在幹什麼？」但你一直沒有理我。

你沒回訊息的一分鐘裡，我想你是不是嫌我煩了，我為什麼說這麼多話，早知道不發了。

你沒回訊息的第十分鐘，我很難過，覺得自己被嫌棄了。為什麼你還不搭理我，可能是話不投機半句多吧。

現在已經過去幾個小時了，你還是沒有回覆我，我在想，你是不是出去玩了，所以沒有看到我的訊息，你是在聽歌，還是看電影呢？還是說，你跟我一樣，也在想方設法地找某個人聊天。想著想著我心裡有些亂，不知道如何表達，我就發了一則社群動態，內容是歡天喜地的。

其實沒有別的原因，我只是想告訴你，你不回我訊息，我也過得很開心的。如果你按讚或者評論了，那可能說明你還是在意我的吧。要是你忽略了這個動態貼文，那它也不會被別人看到，因為是僅你一人可見，你不知道吧。

很多時候我都無法控制我對你的喜歡，正如我無法控制自己去想你，我想知道你這一天都做了什麼，遇見了些什麼人，又想了些什麼？一個人的情緒可以隱藏，一個人的喜怒哀樂也可以掩飾，可一個人對另一個人的思念，越想掩蓋，卻是越加強烈，所以說真的，我再也不想忍著了。我想跟你說好多好多的話，想跟你聊天到天亮，想跟你明天就見面。

我很羨慕你身邊的那些人，他們可以每天若無其事地與你聊天，但很多次我都只敢偷偷地看你的動態，然後，給你發一句「你在幹什麼」。我真的很不喜歡這樣的感覺，說不出口的委屈才叫委屈，小心翼翼打完又刪的話才最糾心。

如果明天能見到你的話，我一定要對你說，一定要很高傲冷淡，卻用很喜歡的口吻，對你說一句：我也沒有很想你。但其實我想說的是非常、非常想你！

那時的我們真好啊

遇見你的時候我應該還在讀高中吧，不施脂粉，穿著校服。你很喜歡打籃球，我雖然不太懂籃球的規則，但看著你帥帥的投籃姿勢覺得好開心。你很喜歡摸我頭叫我乖，無論我嘴上說過多少遍嫌棄你髒髒的手，但看你眼神寵溺，我還是滿心歡喜。

你會抄著我的作業對我說「我們讀同一個大學吧」，我心裡暗想：我們要一起努力，再不濟，也要在一個城市，不能分開太遠，因為我會過分想念你。

你偶爾會說我胖，發訊息嘲笑我是小懶豬，但是每次還是會讓我多吃飯，還給我買很多零食。

我們說好一起成長，都不要急，慢慢來，當然我們之間還要慢慢磨合。你會在耶誕節，大家都在互送糖果的時候，送給我一盒巧克力；我會在宿舍裡給你織圍巾，哪怕織的圍巾很醜，你也笑呵呵地圍上，對著你的朋友炫耀：「這是我好朋友送的。」

你會在夏天，和我一同吃冰淇淋、壓馬路，還會去看一部我看過的小說拍成的電影，你嘲笑我竟然因為電影掉眼淚。

我們還會為了彼此努力學習，為了對方成為更優秀的人，一起成長的時日裡，我也會告訴你要做一個成熟的大男孩。

大男孩就是，遇到挫折也要保留一份陽光孩子氣。我會陪你一同走過那些成長的日子，和你一起學會擔當。因為我是真的想和你度過餘生，所以，你遇到事情要冷靜，千萬不能莽撞，我不希望你心情不好，更害怕你出事。我們將來可能還有許多問題需要一起解決，但大男孩一定是有耐心的，不僅僅是對我有耐心而已。還有，你一定要明白，有我在永遠不會讓你孤單，所以我們永遠不能輕易放棄彼此，這是底線。

做到這些後，我會陪你一起度過每一天，雖然我們可能要經歷許多磨難，摔得遍體鱗傷，但我希望我們能因此而變得越來越親密。我也會害怕時間這個東西，讓我們之間變得沒有過去那麼甜蜜，但是我依舊希望，你是那個能一直陪我，並且共同抵禦因時間流逝而使感情變淡的人。

有一天時光還會把我們變老，曾經背得動我的你，或許不再那麼有力氣，但是我會把我們相愛的記憶，定格在你說愛我的那一刻。如果我們遇見，不要再錯過彼此了。

我怕再也遇不到讓我心動的人

朋友跟我說過一件小事，那是一個很平常的高三的下午，一堂再平常不過的數學課上，她突然肚子疼，疼得眼淚嘩嘩地往下落，頭上直冒汗，但是那堂課上，老師正在講很重要的重點內容，她不想錯過，所以想自己稍微撐一撐，等到下課再去醫務室。

這時，她看到鄰桌的男生突然站起來，跟老師請假說要去上廁所，之後老師也准了他的假。過了一會兒，男生回來了，他趁老師不注意從後門進來了，手裡還拿著裝滿熱水的保溫杯，和從醫務室拿回來的止痛藥，然後不動聲色地悄悄放在了她的桌上。

她後來才知道，原來那個男孩子，一直在注意著她。這種能感受到被人注視的溫柔，太讓人動心了。朋友說，當時一瞬間，她真的心動了，就是那一瞬間，讓那個男孩子扎扎實實地在她心裡住了好多年，如今想起來，還是會有心動的感覺。後來的結果不重要了，只是可惜的是，後來她再也沒有過那樣心動的瞬間了，直到現在也沒有過。

我們好像只是變得不再輕易被感動，我們都用銅牆鐵壁把自己保護起來了，不願意讓別人走進自己的心裡。

更為不解的是，我們遇到的男孩子也都和那個時候不同了，現在的男生都很聰明，很會說動人的話，知道怎樣哄女孩開心，還很會適當地表達自己的脆弱，進退得宜，張弛有度，讓我們感覺不到他們的真心。所以，在面對這些境況時，要我們還保有少女的期待和憧憬真是太難了。

時間讓我們都成長了，不僅僅是外表的長大，更是內心的長大。現在油嘴滑舌的男人，當初可能也會為了某個他喜歡的女生，在寒風裡抱著保溫杯狂奔，只為了給她喝上一杯可以讓身體暖和起來的熱水；現在對愛情失望透頂的女人，當初可能是一個對愛情充滿嚮往、和男生碰碰手指就會臉紅的女生。或許在某個時刻，你又想起了過去讓你心動的事情，又突然懷念起了那段時光，那個讓你難捨的人。

人生多奇妙啊，像是打開一個未知的扭蛋，帶著激動的心情，盼望能出現自己喜歡的東西。而那些本來以為沒有，卻突然擁有了的時刻太珍貴了，因為珍貴，所以稀少，而恰恰因為稀少，我們會忍不住沮喪、忍不住懷疑，是不是那個奇妙的足以擊中我們的瞬間，只有一次呢？是不是真的這樣可遇不可求呢？我怕我再也不會動心了。

聊天這樣結尾的人，一定很愛你

朋友說，如果一個人不喜歡你，那他和你聊天時，經常會說一句去吃飯或去洗澡，隨後就消失不見，留下傻等的你。而他和喜歡的人聊天時，哪怕正在洗澡，他也會第一時間回覆對方發來的訊息。

如果你有幸與喜歡的人相識，以後就再也不要為了避免冷場，而絞盡腦汁想話題，也不要時刻察言觀色，處處討他歡心了。因為對方真的在意你，就會理解你，不會讓你緊張、不安，他會尊重你、珍惜你。

以前我看過一部電視劇，男女主角每次在分別的時候，都會說很多遍再見。我也想起自己聊天的時候，總要和對方說很多遍晚安才甘休。

「晚安啊，這次是真的睡了。」

「晚安。」

說完這話之後，我還是不會立刻睡著，我還是會看著手機，要盯一會兒他的頭貼或者翻翻我們以前的聊天記錄，總有戀戀不捨的感覺。要是對方又冒出來問一句

「睡了嗎」，我就真的會在床上幸福地打起滾來。

從兩個人的聊天過程中，可以看得出來一個人是不是真的喜歡你。

如果你給喜歡的人發訊息，他總是要在很晚的時候才會回覆你，而且還總是讓你做那個結束聊天的人，我想，慢慢地你就會失掉興致。因為每當你打開你們的對話視窗的時候，你會發現，裡邊的大部分訊息都是你發給他的，而他的回覆內容寥寥無幾。這樣的聊天記錄讓你感到尷尬、難堪，你只想快點將這些訊息都刪掉。

一個人喜不喜歡你，你一定可以感覺得出來，因為那個人，特別不想在和你聊天的時候跟你說再見。無論你們聊得多晚，他都不會犯睏；無論你的話題有多無聊，他都喜歡並耐心地和你聊下去。你說的每句話，他都會很快地回覆你，他不會讓你感覺到一點點窘迫，也不會讓你感覺到任何的不安。因為他喜歡你，巴不得穿過手機螢幕去擁抱你。

以前，我覺得大家好像都不願意做聊天結尾的那個人，但後來我才知道，有人願意的。他願意把你先哄著睡著了，自己才心滿意足地去睡。因為他喜歡你，是非常非常喜歡的那種。

他跟你說的每一句晚安都特別用力，他想每天候著你入睡，再每天等著你睜眼，因為他希望，你的每一個二十四小時，都是由他開始、由他結尾，包括你的未來、你的一生。

LIVE FULLY
CREATE HAPPINESS
SPEAK KINDLY
HUG DAILY
SMILE OFTEN
HOPE MORE
LAUGH FREELY
SEEK TRUTH
INSPIRE CHANGE
LOVE DEEPLY

如果不愛，請趁早說明

「五歲的時候，你可以為捕捉一隻蝴蝶，而跑到一公里外的田野；十歲的時候，你可以為一個霜淇淋跑遍大街小巷的商店；十七歲的時候，你可以為見喜歡的人，一個人去陌生的城市；二十七歲的時候，你可以只為了生活而隨便就找個人，過一輩子。」

我把網路上的這則留言回應發給我朋友，問他：「小時候我們喜歡什麼，就會不遠千里去追尋，現在越長大越不如小時候了，沒那個勁了，也不願意花時間和精力去愛一個人了。」

朋友說：「對啊，大家都很忙的，本來一開始都是充滿熱情的，但是當你試著把時間和精力都放在一個人身上後，沒有得到預期的效果，以後就再也不願意去這樣做了。」

朋友阿葉追過公司的一個女同事，他說那個女孩笑起來眼睛特別好看，他覺得她很好，就開始追求人家了。追了一個多月，阿葉跑來和我說：「不追了，到我的極限了。」

我問他：「為什麼？」

他說：「她應該不喜歡我，但是又會給我一種錯覺，以為她喜歡我。平時呢，她心情不好的時候，我陪她聊天，到我心情不好的時候想找她說話時，她總說沒空，不理我。她生日我花時間精心給她準備禮物，帶她吃好吃的，她呢，到我生日的時候一句生日快樂都沒有。我約她吃飯，得約好幾次，她才肯出來一次，還是全程不給笑臉的那種。我問她有沒有喜歡我，她又含糊地說一堆沒用的。全公司的人都知道我喜歡她，她卻始終不給我一個準確的回應，這叫我還有什麼動力追下去？」

所以說，很多人問我，為什麼男生追女生追到一半就不追了，我的朋友阿葉就是一個很好的例子。

追一個人，就像打遊戲，一路升級打怪，系統要時不時給個獎勵，打遊戲的那個人才會有動力繼續前進啊。如果你總是曖昧不明，好多男生只能望而卻步了。

現在我們都是大人了，已經過了年少那種非你不可的年齡了。

行就行，不行就不行，如果不愛，請趁早說明。

你從未見過我在深夜裡為你痛哭

你知道我多喜歡你嗎？每次打開手機，最期待的就是你有給我發訊息。要是你沒有，我會焦慮，坐立不安，甚至氣得想要給你打電話。

我每天最開心的一件事，就是和你聊天了，看著浮動的那行「對方正在輸入中」，就會感覺到莫名的心安，就會覺得螢幕那頭的你在找我，想著怎麼回應我的話，或者說一些什麼讓我心安。如果你頭貼那邊是靜止的，我會猜你在忙，或者想你是不是在吃飯、洗澡，或者有什麼其他更重要的事以致沒有時間回覆我。

手機知道我喜歡你，它知道得有點多，卻又不讓你主動聯繫我。有時候我也會很奇怪，你到底是不是在忙呀，為什麼你回覆我的訊息有點慢，為什麼我說那麼多，你卻只回答我「好的」？我有時候也會覺得特別失望啊，為什麼每次都是我先開口，說一些無聊的話題，有關天氣、有關心情，因為我只想讓你陪我好好說一會兒話。

朋友很認真地告訴我：「如果一個人愛你，那他一定會主動聯繫你。無論相隔多遠，無論上一次說話是什麼時候，無論上一次聊天是誰先說的晚安，只要他喜歡你，他就一定會主動找你。」

我想，是啊，如果真的喜歡的話，你再忙都會騰出時間來陪我看電影，也會在吃飯、洗澡的間隙和我聊天，你會想聽我說話、揣摩我的心思。

其實你不在的時候，我會翻來覆去看你的動態貼文，也會再瀏覽一遍我們的聊天記錄。我已經換了第三支手機了，但是一直捨不得刪掉聊天記錄，我每次都會把它們轉存到新的手機上。你看我多在意你，你不主動找我的時候，我也會賭氣不主動找你。

朋友對我說：「別卑微。」我說：「嗯，要高傲冷酷！」但是每次輸的都是我，我還是忍不住給你按了讚，或者給你發了訊息問你在幹嘛，我是不是有點太主動了？但是你缺席我生活中的很多瞬間，我總會覺得很低落。想跟你聊聊我的生活，又怕你報以沉默。你從未見過我在深夜裡為你痛哭……

很多時候我回覆你是秒回，你回覆我像是經歷了一個輪迴。我就為等你的回覆，不斷打開聊天軟體、又關掉，打開、又關掉……

朋友最後對我說，如果一個人不找你，那就是不想你。我回答她，嗯，是這樣。你知道我有多喜歡你嗎？算了，你不知道。

原來有些愛情是沒有開始的

我從一個朋友那裡得知，原來有些愛情是沒有開始的。

我在很早的時候就說過，喜歡一個人，對方多看自己一眼，你那心頭便湧起萬般柔情，整個人變得潰不成軍，但我後來一直也沒說，也許有些人，永遠也等不來喜歡的人的一個眼神。

那個朋友和我說，容易被辜負的永遠都是那些天真又心軟的人，因為你好騙又好欺，而且傷疤一好，你就忘了疼。不可否認，愛情裡，很多人都是如此。

很久之前在網路上看到一句話：「我已經無奈到要在網路上找不愛你的方法了，所以再等等吧。」其實，對感情，有些人明明知道只要停下來，就是止損，但依然學不會放棄。

我一直覺得這一類人都好傻，真的，但從來沒人說過，有時候不是這個人太傻，而是另一些人一句「在嗎？」就能讓他潰不成軍。就像我朋友，她會因為對方朝她笑笑，瞬間心軟，她的筆記本寫滿了很多很多想對那個人說的話，裡面有「你最近過得好不好」「很想你」「像瘋了一樣想緊緊抱住你」……

當然，還有不知道從哪裡抄來的話：「不能占為己有的就不要，再好也不要、再愛也不要、再喜歡也不要，要離開、要絕別、要老死不相往來。」

她說每次一有不想放棄的念頭時，就拿出來看一遍、唸一遍，告訴自己不能沒有尊嚴，但也有很多時候，對方一個稍微溫柔的眼神，就能讓她放棄好不容易下定要離開的決心。因為沒有人願意放過任何一個對方主動找你的機會，大部分人都對這樣的機會滿懷期望。你看，其實還是有很多很多人想放下的，但一直以來都是對方不想放過我們呢。

也許一顆心會不斷愛別人，但總會有那麼一個人，會埋藏在你內心的最深處，深得連你自己都不知曉的角落。你輸了自己，要一個不愛你的人又能如何？

這世間最沒用的就是一個人不愛你，你還對他愛得瘋狂，又捨不得放棄。其實，我覺得，愛情也不是沒用的，沒用的是你從來不願意放棄一個不愛你的人。翻頁吧，無論好不好，都放過那個天真又心軟的人吧。往後餘生，要麼一起吃早餐，面對面互道晚安，要麼老死不相往來，就這麼簡單。

熬夜和想他，都戒了吧

現在越來越多的人習慣熬夜了，有些人也說不上來這是為什麼。可能是神經衰弱，也可能是有心事，也有很多人是沒等到喜歡的那個人的一句晚安。

有人說，每一個晚睡的人，心裡都有一個想要聊天的對象。你不一定會經常找他聊天，但你知道他也很晚才睡。你看到他發動態貼文了，給別人按讚了，你明明知道他現在還在滑手機、看電影，但你就是不敢給他發訊息，只是盯著他的頭貼猶豫很久很久。

有人給你按讚，找你聊天，但你一個都不想搭理，只是回覆他們說自己就要睡了，然後禮貌性地說一句晚安，因為你只想跟他一個人聊天，而他卻對此一無所知。

慢慢地，你開始覺得，自己之所以熬夜，是因為已經習慣了和他聊天到深夜，可後來因為種種原因，他再也沒有找過你了，明明那個時候聊得火熱，但在現在看來，好像什麼都沒有發生過。

你好幾次編輯了一大段的訊息，想告訴他你想他了，可是你猶豫了好久又刪掉了。跟他說話需要莫大的勇氣，你害怕他覺得你太主動，所以你在等他主動找你說話。

你以前聽別人講過的，男生喜歡一個人都是很直接的，如果他喜歡你，他一定會找你聊天，但他沒有，你也知道理由。到後來你嚥下了所有的心裡話，把想說的重點詞彙都刪掉，只留下一句：「你在幹嘛？」

你有時候會覺得自己很矯情，明明把對方擺在自己心裡那麼重要的位置，卻被對方忽冷忽熱地對待。你有時候很生氣，想說，他憑什麼啊，但最後卻又還是把自己不滿的情緒悄悄隱藏起來。這種感覺真的很讓人窒息，卻又找不到有什麼解決的辦法，只能自己一個人默默地熬夜。

說真的，千萬不要在深夜跟喜歡的人聊天，因為人在晚上的時候總會變得感性和脆弱，那些不切實際的想法總會在你心底裡瘋狂且肆意地生長。所以每到夜裡，你可能會情緒化地發出很多讓你後悔的訊息，到了第二天，自己翻翻聊天記錄，只會尷尬到想鑽進地洞。

我聽一個頗有經歷的朋友說過一個如何讓生活變得美好的訣竅：控制自己的情緒，不要找他聊天，好好睡覺，像一頭冬眠的熊。你可以試試看，把熬夜和他都戒了，關上手機早點睡，過幾天，你會發現這個世界並不是非他不可。

再想你，也要戒掉你

我常說，老林是個很會裝的人，因為她還在想念一個人，但她從來不會說，再想念那個人也只會在心裡憋著。其實也很好理解，畢竟想念這回事看不見摸不著，那個人也不會知道，用來打發難熬的時間，沒有實用價值，只會讓人越發矯情，加倍痛苦，我受過苦我知道。

但事實上呢，老林的時間分配得很合理，白天上課，晚上洗澡、敷面膜、吹頭髮，然後躺在床上玩手機。大部分時間她會跟我聊天，帶著調侃又不正經的腔調說白天遇見了一個小鮮肉，要到了他的社群帳號，但是礙於面子又不想先發訊息給他。

有的時候她會看知乎、看豆瓣、看網路上爆紅文章，然後時不時地轉發一篇，以顯示自己最近有在關注國際政治、社會百態，和我們聊天聊累了，就在群組裡跟其他姐妹們道晚安，還勸她們珍惜睡美容覺的時間啊，要不膠原蛋白都熬沒了。她道完晚安其實也並不會睡得著，只是象徵性地跟世界暫時告個別，這時候才有空思考人生、思考理想。

這時候她就發現，人類要睡覺的終極目的，原來就是為了阻止自己大半夜瞎想，生活禁不住琢磨的，一琢磨就覺得很苦。

為了讓自己開心一點，也為了讓自己不想太多，老林開始看美劇，樂得開懷的時候發現自己已經多吃了兩包洋芋片。等睡覺前的一切活動結束，真真正正閉上眼睛的時候，卻發現腦海裡第一時間就浮現出那個再也不可能在一起的人，這樣的感覺真是太討厭了。

想念那個詞明明在喉嚨邊了，又硬生生地嚥了下去，但誰知道呢，它沉下去，就浮在胸口的位置，一到深夜就嗡嗡作響。

可是成年人都怕尷尬，說出來沒有用，就算得到了回應也不會開心，明明註定要失敗的事情，一句我想你，不說也罷。心上人就像天上月，惦記著也沒有用，太遙遠了。

好像誰心中都有過這麼一個人吧，那個手指來來回回點開通訊錄，卻不敢再說一句話的人。愛情電影裡面有人問：「有比受愛情煎熬更慘的事嗎？」我的答案是：「沒有！」

悄悄喜歡你很久了

有時候，當你在乎一個人的時候，你臉上甚至什麼表情都沒有，其實內心已潰不成軍。想起很久之前，無意間在微博上看到的一句話：有男（女）朋友的人，會在自己的微博裡發一些什麼關於他（她）的文章？

印象很深的是一個網友的回答：雖然不是我男朋友，但我會經常在一些微博的留言評論處，學其他有對象的人一樣標註他，也會在自己的個人頁面上不停地更新和他有關的情緒狀態。

後來我點開這個女孩的微博，幾乎每一則微博都是：「吃了嗎？」「睡了嗎？」「一起吃飯吧」「好想你」等看似無用的廢話，但她的微博置頂是這樣寫的：原來喜歡一個人是這樣的感覺啊，想見他，想得快瘋了；想關心他，什麼都不做，待在他身邊也好；想和他說話，不管什麼藉口，就算出醜了也沒關係；想一直看著他，他耍酷的樣子、安靜的樣子通通不想錯過；想問問他，有沒有喜歡我。

那時候，我覺得這個女孩是瘋了吧，敢在微博上這麼明目張膽地談喜歡的人，萬一被對方看到了怎麼辦，但回頭想想，看到了又怎樣？如果我喜歡一個人，那我也一定會留下很多線索，等哪天我和他在一起了，我就告訴他：「瞧，我打從那時候就喜歡你了，只是你沒發現。」

喜歡一個人，不就是要處處留意他嗎？無論是他走過的路，寫下的字，還是去過的地方，你都會特別在意。有句話是這樣說的：「不聯絡不代表不想念，而是想念了之後不知道該怎麼辦。」不知道你有沒有放在心裡一直想念的人，一想起來，就想衝到那個人面前，問問他最近過得怎麼樣，有沒有交往的對象……但你最想問的，是他有沒有也很想你，但是這些話也只能放在心裡問。

想一個人的表現真的很明顯，縱然只是在心底偷偷想著，你別看我的情緒毫無波瀾，不找你說話，但手已經點開你的個人頁面看了十次，你上傳的照片也看了四次，你的各種發文翻了兩次，你的社群動態看了三次，所有能找到的和你相關的資訊我都翻了個徹底。我覺得想一個人和喜歡一個人，就像大冬天裡吃霜淇淋，特別傻，但又特別甜。

用三年愛上你，用三秒離開你

你有沒有在聊天軟體聯絡人中刪過這樣一個人，一個陪你聊天聊過成百上千次的人。那時候你們總是聊到深夜，說了要睡覺可誰也不願意放下手機，你一句晚安，他一句晚安，可隔一會兒你就又因為他說的話在被窩裡樂得哈哈大笑了。

那時候你覺得，能夠遇見一個這樣陪你聊天的人真的太好了，但你沒有想到的是，無論曾經多麼親密的人，都有可能突然變成陌生人。

你忘了是從什麼時候起，你們的關係變得冷淡了，你說的話他再也不願意和你聊下去了，你的那些小喜好和小情緒，他也不是那麼在乎了。

他發訊息給你的時候你是秒回，你發訊息給他的時候他像是銷聲匿跡了一般，你只好在等他回覆的時候，一遍遍看以前你們兩人的幾百頁聊天記錄，然後心裡默默委屈：「你到底什麼時候，才來找我說話啊？」

再往後的一段時間，你不找他，他也不會找你了，你想你是真的失望了，那個曾經讓你滿心歡喜的人正一點一點踩踏你的自尊，於是你開始想，是不是從一開始就是自己想多了：「也許他不喜歡我吧，他只是想找個人聊天解悶罷了。」

以前我聽別人說過，真正放下一個人，並不會將他從自己的聯絡人列表中刪掉，也不會將其封鎖，因為你再也不會在意他了，你不會再關心他說過的話，不在意他的情緒，也不會想要假裝偶遇到他，但是有時候，真的不是放下放不下的問題，就連他在你的好友列表中，你都會覺得特別煩。

過去你們兩人可以從早餐聊到銀河系，現在連晚安都懶得說了，這種反差，真的讓人感到難以言表的難過。那些過去兩人講的最投機的笑話，哪怕是放在現在看，你也會忍不住大笑起來，可是笑得越大聲，對現在的你來說越是殘忍，於是你悄悄地刪掉了你們那幾百頁的聊天記錄，無論好的壞的，你把全部都毫不留情地刪除了，因為你再也不想受到傷害了。

你想忘記那段開心的時光，而你可能不知道的是，他早就把關於你的一切刪除得一乾二淨了，甚至不帶一丁點的猶豫，那你還是選擇刪掉他吧，無論兩個人是相處過三天還是三年，就像《體面》那首歌裡寫的一樣：我愛過你，俐落乾脆。再見，不負遇見。

哪裡會有人喜歡孤獨，不過是在逞強

愛你，是一件做夢想起都會笑醒的事。

愛你，是輾轉反側、夜不能寐。

愛你，是在街角遇見，選擇繞過另一條街的彷徨。

你還要怎樣，愛上你，到最後只剩下一張沒後悔的模樣。

愛上你是一個悲劇，我膽小到只能卑微的下場。

哪會有人喜歡孤獨，只不過是不喜歡失望，只不過是在逞強。

愛上你，是一種打心底裡發顫的害怕，是一種越喜歡越想分開的惆悵。

愛你，愛到自己跟一個導演一樣，燈光上場，劇本落幕，寂寥冷清。

你的每一則動態，對我而言，都像是做閱讀理解一樣。點開我們的聊天頁面發呆，偶爾得到你的回覆，我就會開心一整天。只要想到你的笑容，我會感到陰天都放晴了。

這種愛，是瘋狂卻又不敢聲張的愛，是距離上想要接近，心靈上卻不斷後退的愛。

怕你知道，又怕你不知道，更怕他知道，卻裝作不知道。

閨密說她曾經有這樣的經歷，與他擦肩而過時，假裝跟身邊人談笑風生，心卻隨餘光裡的他走遠。

這種害怕的愛，甜蜜又心酸，明知不可能，還要容忍你在自己心裡放肆。

愛一個人，是說不明道不清的執著，是越喜歡越想分開的矛盾。

愛上你的第一感覺是害怕，是慌張，是不敢靠近，害怕讓你知道而不得已的隱藏。

即便如此，明知不能飛蛾撲火，但從沒想過要停止。

沒有結果的喜歡，看不見也無妨，我要的不過是遠遠的守望，在你轉身的時候能看見你罷了。

越喜歡越想分開，因為怕你看見我醜陋的模樣，因為距離能模糊追根問底的對象，越愛越想退讓，這是一種愛到寧願放手，是一種怕愛過頭反噬其害的悲傷。

你也從來不會想，我為什麼會這樣。

喜歡你和只想撩你的區別

他是喜歡你，還是撩你？

南南聊天的時候，南南帶著一副憤世嫉俗的樣子，把談戀愛的壞處一一說出，並大肆宣揚單身是多麼爽快又自由。最後南南低下頭來，聲音沮喪地對我說：「是不是男生都是這個樣子，他可以跟你搞曖昧，但是一定不會跟你在一起。」

我覺得這裡一定有什麼事情，在我的一番追問下才知道，原來南南喜歡的那個曖昧對象，最近在社群網站上放了一張和女朋友的合照，配文是，脫單成功。

有些人跟你搞曖昧，有些人會揉你頭髮，遞給你幾顆糖，可是這樣的人也會突然消失。而那些真正喜歡你的人總是笨手笨腳，不會表達自己的心意。

喜歡你的人支支吾吾，撩你的人妙語連珠

喜歡你的人和你在一起時，總是有些拘謹，不會說太多漂亮的話，但你總能感受得到他帶給你的踏實。他不會太多花言巧語，也不會口若懸河，和你在一起時，他更喜歡聽你講話。而那些只想撩你的人則不然，他們有著數不清的套路在等著你，今天對你說的話，也許他已經對無數的人說過。只想撩你的人，話說得比誰都好聽，但是不會花太多心思在你身上。

喜歡是「離不開」，撩是「想靠近」

喜歡你的人離不開你，你總能發現他的存在，甚至有時候你忘了回覆他訊息，也不用擔心他會消失。因為他喜歡你，所以更加離不開你。撩你的人卻總想著跟你曖昧一下就算了，他們永遠在慢慢靠近你，慢慢試探你，只要他們開始有一點不順心意，或者有了更好的選擇的時候，就馬上離開你。

喜歡是催你睡覺，撩是不管多晚都會和你聊天

喜歡你的人往往不會大半夜給你發訊息，就算想發也會斟酌再三。因為他從來沒有想要打擾你休息的念頭，如果你很晚發了一則動態貼文，他也會在下面很認真地發一則要你早點睡覺的留言。

撩你的人永遠不管白天黑夜，只要他還醒著，那麼他就會找你聊天；也不管你有沒有睡覺，只有他自己睏了的時候，才會對你開口說晚安。

不可。

喜歡是想帶你清晨喝粥，撩是想帶你深夜喝酒

喜歡你的人想和你度過餘生的每一天，想和你一起計劃未來該怎樣度過，他想要和你面對面吃早餐，想要和你一起認真地老去，認真地生活。撩你的人只想和你深夜喝酒，一杯接著一杯，他需要的只是一個陪伴他的人，誰都可以，而不是非你不可。

喜歡是他只喜歡你，撩是就算他喜歡你也不會停止喜歡別人

喜歡你的人，對其他異性是沒有太大感覺的，因為他對你的喜歡，讓他的眼裡只能看到你，心裡也只能裝下你一個人。撩是可以同時喜歡很多人，他可以今天喜歡A，明天喜歡B，後天喜歡C，他永遠有備胎，永遠有下一個，你永遠也不懂，他究竟對你是不是真心的。

喜歡你的人用盡了心思，還擔心你不喜歡他；撩你的人用遍了套路，只會覺得你麻煩。如果有人一直撩你，卻始終沒開口說出一句告白的話，那麼趕快離開他吧。畢竟只想撩你的人，不值得你傻傻地付出真心去喜歡。

看聊天記錄，就知道他愛不愛你

經常有女孩問我：「他是不是真的喜歡我？」其實這個答案並不難得出，問題是你自己想不想知道，通常女生問我這個問題的時候，心裡多半已經有了答案。

一般來說，愛不愛一個人，有兩個東西不會撒謊，一個是眼睛，一個是聊天記錄。

如果那個人跟你在一起的時候，有意無意地躲閃著你的目光，和你聊天時頻頻把天聊死，或者對你說完他正在洗澡後就消失了。那麼毫無疑問，他已經不喜歡你了。

真正喜歡一個人的時候，他們的聊天記錄裡滿滿都是「哈哈哈哈」，早安、晚安沒有一天落下，你發個訊息過去他秒回，兩個人也不用拚命想什麼話題，你們可以從路邊的一隻貓，聊到下個月要上映的電影。他如果不喜歡你，是不會主動找你聊天的。即使你主動，他也會有很多藉口結束聊天，過不了多久，他就不回覆你了。

我曾經有一個男性朋友，他對待自己不喜歡的女孩子都很冷漠。他們的聊天記錄從上拉到下，女生的示好都要溢出螢幕了，他在這邊只是淡淡地回了一句「好吧」。我真的很心疼那些女孩子，她們一次又一次，懷著滿滿的期待去找喜歡的人聊天，卻被對方高傲冷淡的防線弄得鼻青臉腫。那種感覺就像是為心儀已久的人精心準備的一個禮物，卻發現寄錯了地址一樣。

你熱情滿滿地找他說話，打開聊天視窗才發現，每一次聊天做結尾的人都是你。你為了他準備了很多有趣的話題，你每寫一段話都會斟酌再三，得到的卻是對方「哈哈」「嗯嗯」的回答，或是一個無關緊要的表情。甚至在他對你說完晚安之後，你還在社群網站裡看到他給別人按讚。這也正應了那句話：你我本無緣，全靠我死撐。

並不是你哪裡不夠好，或是做錯了什麼，只是他不喜歡你，但這一項，就足以抹殺掉你所做的一切努力。當你翻出跟他的聊天記錄時，你發現很多時候都是你在自說自話，他總是很敷衍地回覆你。我想女孩們也不需要問我他喜不喜歡你這樣的問題了，因為答案已經很明顯了。

很多關係都是這樣，我主動，你不主動，或者你不主動，我也不主動，然後兩個人就沒有了關係。

女生要不要主動去追男生

喜歡就像乘法一樣，對方是零的時候，不管你對他的愛有多少，最後相乘的結果依然會是零。

吃飯的時候聽到一個朋友問的，一個男性朋友：「女生該不該主動追男生？」他想了很久說：「不該。」

對於一向替女生撐腰的我來說，不同意他的看法，剛想反駁一通時，他轉頭對那個朋友說，追求這件事情原本應該男生來做的，男生的選擇可以不那麼慎重，喜歡就去追，即使失敗了也沒什麼大不了，但是換成女生，意義就大不相同了。

還沒等我和朋友插話，他就接著分析：「如果一個女生沒把握能追得到男生，就一味地衝上去，即使未來他們在一起了，那她在他面前也會處於下風；如果女生有把握，也能感覺到對方喜歡自己，那就更不應該去追。既然雙方互相喜歡，男生就不應該被動地等女生來追，他沒有主動追女孩，只能說他的這種喜歡還是不夠分量的。」

聽完他的這些話，我和朋友也不知道該不該反駁了。

這裡重申一下，我的這位男性朋友想表達的意思，並不是女生該不該追男生，或者女生可不可以追男生，而是女生適不適合追男生的問題。女生追到男生後被對方看輕的事例太多，就不列舉出來了。

有一句話是這樣說的：「哪怕你在人群中對他微笑一下，他都可能把這看作是你對他的好感。如果他也對你有好感，他就會主動來接觸你。」

有人會說，同樣是追求，即使女生失敗了能有多大的事？男生不也是經常追不到喜歡的女孩嗎？

其實不是的，女生主動追求一個男生不僅僅是覺得看對眼了，她們通常都會經歷很長的一段暗戀時期，當內心的喜歡滿滿溢出來的時候，才會控制不住自己主動去追求。

想起上學那會兒，每個女生都有自己的小圈子，如果其中有人有了喜歡的男生，其他幾個姐妹就會鼓勵她去勇敢地追求。

可是回過頭想想，女生如果只有一點點喜歡一個人，她又怎會傻頭傻腦地跑去追男生呢？

女生不像男生，追不到喜歡的人，撓撓頭說一句：「這個不行就轉身追別人了。」身邊好哥們調侃幾句就能過去了。

女生在追一個人的時候，會將自己全部的身心投入，她們把自己的自尊都放下了，所以失敗的代價也很高。只有贏了的女生才有資格說「女追男隔層紗」，所以女生不是不能主動追男生，而是不適合主動追男生。

那個聊天帳號雙開的男孩後來怎麼樣了

我也是最近才知道微信更新了一個新功能，只需要在設定裡點一下，就可以直接切換到另一個帳號。

這個事情是朋友告訴我的，她說這些話的時候哭得稀裡嘩啦：「前幾天我和他吃晚飯的時候，我看他偷偷玩手機，不知道跟誰聊得火熱，但是當我看他手機螢幕的時候，對話視窗裡卻什麼人都沒有。」隔了一會兒，朋友說她看到男朋友匆匆忙忙滑動螢幕，才發現原來他在切換帳號。

那一刻她才知道，原來對方準備了兩個帳號，用不同的帳號撩不同的人，而且就在她的面前，這可以說是非常諷刺了，這一次她終於失望了。

總有那麼一些人，口裡說著只愛你一個人，私底下卻四處留情，然後等到他有了更好的目標之後，又悄無聲息地離開你，獨留你一人守著這份回憶在原地苦苦徘徊，讓你再也沒有勇氣去好好愛別的人。

我一直都很討厭曖昧，它是甜蜜的陷阱、是解悶的調味品、是一場誰先動心誰就輸了的遊戲，你當初抱有的希望多大，後來的失望就會有多大。也許深情的人從來都是用來被辜負的，只有薄情的人才會被人反覆思念。

猜想每個女孩子都很嫌棄那些聊天帳號雙開、四處開撩的人吧，我想微信設定這個功能的初衷，應該是為了讓很多人將生活和工作區分開來，讓人的生活變得更加方便吧，但一些男生卻在這個功能上找到了新的用途。

我覺得真的沒必要，不論是用兩部手機、還是用兩個帳號，這樣的行為看起來都很無趣又難看。喜歡一個人，就好好地和她談一場戀愛，如果雙方都在偷偷濫用這個功能的話，那彼此還是分開吧，沒必要搞得那麼複雜。

那些不會查看你另一個手機的女孩，也不會介意你是不是聊天帳號雙開，那些不會要你的訊號定位、要你時刻發語音訊息的女孩，也不會懷疑你有沒有帳號雙開，因為在她的眼裡，你足夠愛她、足夠尊重她、也足夠讓她毫無保留地相信你。

這是男生應該給女生的安全感，就像那句話說的：有人相信一輩子的約定，有人相信一瞬間的勇氣，而她選擇了毫無保留地相信你，所以我希望男生能好好愛女生，不要讓女生感到失望。

願我好走，祝你保重

我一開始總是說，你根本不用喜歡我，你熱愛你的，只要我喜歡你就好了。我不願意讓你為難，給你帶來一點點痛苦都不行，你若是難過，我只會心疼。溫柔的夜晚，只是想起你，心就變得雀躍了起來，哪怕我會偶爾因為你失望，我也心甘情願受你所困。喜歡你的這些時日啊，我一直賴著不走，心想著，反正人來人往，等很長時間過去以後，你總會看見我的。

我以為你總會看見我的，但是很長很長一段時間以後，我終於不得不承認，一切都是我的自欺欺人，你根本就不會喜歡我，這樣的想法在我的腦海裡一遍遍地繞，想要和你在一起這件事情，也變成了痴心妄想。

我也會經常想，在你身邊的那個人，怎麼就不能是我呢？我會因為一句「尚有笨人在等待你」的歌詞哭得死去活來，反正眼淚不值錢，那麼多年的青春都獻給你好了，我也不在乎這點眼淚，但我雙眼通紅腫脹的樣子，你一定不會覺得好看的，於是想到這裡，眼淚竟止住了。

我給過自己太多心理暗示和藉口，讓自己多撐一會兒再等你看到我，但同時，我心裡還有個小小的聲音，一些無甚必要的自尊還在負隅頑抗，提醒我不能因為愛你就丟了我自己，喜歡上誰都不容易，喜歡上一個不喜歡自己的人更不容易。

畢竟我也承認，一味討好你，我的嘴臉有時候我自己也覺得難看。我不知不覺變得自怨自艾、矯情敏感，我糟糕得不像以前那個自己。

既然努力了這麼久，卻依然是你身邊的十八線女配角，那我真的有些堅持不下去了，不想再等你了，不如趁簾幕還未拉上，我先自己退場吧，免得最後謝幕了，我傻傻地站在邊邊角角上，演喜歡你的獨角戲，還惹得自己難過，這樣想想蠻蠢的。

在你人生這齣劇裡，我說不定連名字都沒有留下，所以我決定不等你了，畢竟再等，也等不到你從人海中望見我，更別說還能拉住我了。以後你的人生，都與我無關。

如你所願，我不會再纏著你了，往後餘生，縱使通往你的路陽光明媚，我也不再輕易踏入一步，愛你這回事，說實在的我怕了，所以祝我好走，祝你保重。

CHAPTER 4

從很愛，到不愛之間

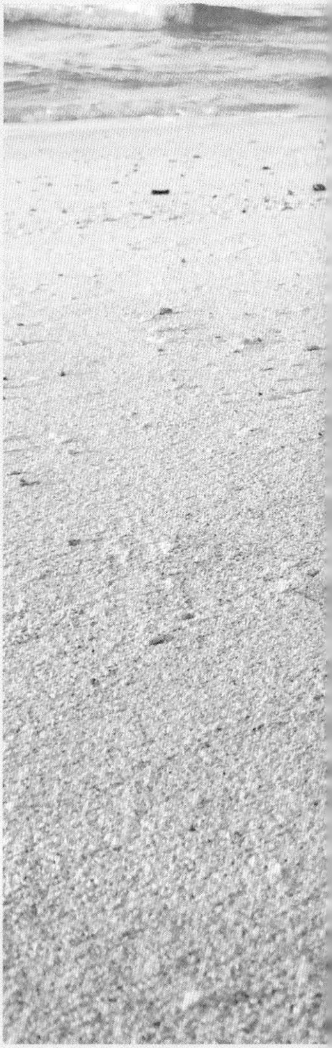

最想要的寵愛是你給的

作家張小嫻曾說：對你最好的那個人，換句話說，也就是最好欺負的人。

記得之前看到一個女孩發的社群動態：「這麼冷的天把我關在門外，也就只有你做得出吧。」配圖還有一個心碎的表情。我問她怎麼了，現在進家了嗎？她說還沒，男友在玩遊戲，要她再等一等。

有人問我：「最好的愛情究竟是怎樣的？」我想過很多答案，但我還是覺得最好的愛情，應該是「我崇拜你像個英雄，你疼愛我像個孩子」。

我身邊有人談了場戀愛，每天都甜到不行。她跟我說：「我下輩子不要做人了，我要做個寵物，每天只要對我喜歡的人撒撒嬌就可以了。」我很平靜地說：「那恭喜啊。」雖然我說得很平靜，其實心底還是多多少少有點小羨慕的，因為被人寵愛，真的是件很開心的事。當你遇到那個他之後，你才知道，原來談戀愛是件輕鬆美妙的事。

你脾氣不好他遷就你，你想要的禮物總是很快就會收到，你每次不經意間掉的眼淚，都會成為他自責的原因，他願意為你放下身段，像個孩子般和你談戀愛。

我身邊有挺多被男朋友寵上天的女生：有躺在沙發上睡成一灘「軟泥」，還讓男朋友餵零食的；有洗澡後，男朋友幫她把頭髮吹乾的；有每天下班後，男朋友為讓她緩解疲勞，主動給她按摩的……

與寵你的人相處的時候，你會感覺自己無時無刻不在被包容著，因為他寵你，所以你可以任意放肆。

很多時候，你剛開口說第一句話，他立馬就能接上來；他會拚了命跟你找話題聊天，只為讓你變得開心；他會誇你好看，說你討人喜歡；他會忍不住偷偷地看你，然後不停地傻笑……他會陪你逛街、陪你看電影、陪你吃飯、陪你玩遊戲……只要是你喜歡做的事情，他什麼都願意陪你去做。

他在意你的情緒，秒回你的消息，只因為他心裡全部都是你，但最讓你感到滿意的是，他願意給你未來，這大概是男生對一個女生最高級的寵愛。

一個男人假如認定了一個女生，那麼往後，無數個三百六十五天裡，他的那些擁抱、親吻……所有的一切都只屬於那個女生。

在未來漫長的人生之中，我希望大家都能遇到一個寵愛你的人，他溫柔又有趣，可以讓你放心把自己交給他，你只需要靠在他旁邊睡得很香，而他則負責給你未來和安全感。

我們的愛情很簡單

我從來都不覺得人生好過，比如，此刻我剛買好了一杯奶茶，卻在走出五百公尺後弄丟了我的吸管，很多事都不能如意，人生太艱難了啊。我是要再返回多走五百公尺，不要臉地向店員多要一根吸管，還是就地放棄這杯奶茶？

我也從來不覺得人生有多簡單，在我幼稚園第一次玩扮家家酒的時候就意識到了，兩個男孩子我都很喜歡，但是如果我要是當了「媽媽」，那還誰當「爸爸」呢？

我們都好像在迷宮裡，出口只能有一個，不能貪心地什麼都想要，可是等走到無路可走再返回，卻又好像走進了另一個迷宮，人生難道不應該是「守得雲開見月明」嗎？好像真不是的，大多時候我們是闖過了一關，還有一關……

很多時候，你特別想要一個東西的話，可能得到的恰好是另一樣東西，就像你八歲的時候，想要洋娃娃，父母卻買了連衣裙給你，這樣不能稱心如意的事情總是多得數不勝數。但很有意思的是，很多時候你後來得到的那個，其實也是好的；而以前特別想要的東西，後來也可能不太想要了。

十八歲時候的你已經能夠買很多洋娃娃了，但是你不會去買，你會買漂亮的衣服和鞋子，這時候的你，也快忘掉了八歲時候那個得不到的洋娃娃，所以很多事好像都是被安排好的，那麼為什麼我們的生活不過得簡單一點呢?或許上帝知道我們前面是條死路，所以特地提醒我們換條路罷了。

小說《小團圓》裡，九莉對比比說：「我怕未來。」比比有點悲哀地微笑著說：「人生總得要去過的。」所以好在問題也不一定都要解決，人生有些矛盾糾結依然可以過完這一生。

我或許把命題說得太大了，但其實這麼想一想，愛人也是一樣的道理吧，打動我的不是那些花俏複雜的東西、體面漂亮的外在，而是大大小小簡單細膩、只有我能領略的細節。簡單到你的一個眼神就能讓我安心，你只要看著我，就給我指引了一條明路，你能給我滿滿的安全感，不會把我放進各式各樣的選擇題裡，而是直接給我解決的方案。然後這時候，我可以讓你重新幫我拿根吸管，我會在原地等你。

ALL
YOU NEED
IS
LOVE

我不喜歡異地戀，但我喜歡你

你不在的時候，我都數著秒過日子。在幹嘛呢？我想你了。我每天都懷抱著小小期待，期待你的電話，期待與你的再一次見面和永遠不異地的那一天。一想到你呀，我的心就柔軟起來。你說你來了就會告訴我，所以我只要負責好好工作好好等你就好，我相信你。

我們彼此都牽掛著對方，可又各自過著單身生活，我們不能一起看電影，不能一起吃飯，不能一起逛街，生病、難過的時候，也只能自己抱著自己，更糟糕的是，連去你的城市找你都要先預約，我們兩個就像隔海相望的島嶼。你啊，一定要替我照顧好你自己。

和你在一起，就像在螢幕裡養了個手機寵物，每天夜裡只能隔著玻璃說著晚安，很多時候我被自己的手機砸醒了才發現，自己昨天是抱著手機睡著的。

假如有一天你突然不聯繫我了，我想我會陷入漫長痛苦的等待中，如果沒了手機，是不是我們就再也不會有交集了？螢幕那邊的你就像是藏在一個透明的罐子裡，我們互相看得到、聽得見，可就是觸及不到。

你知道嗎？一萬句電話裡的你愛我，比不上一句你在樓下等我。有好幾次我語氣平靜地在視訊中和你講話，其實前一秒鐘我已經哭濕了枕頭說不出話了，你看我不那麼熱情了以為我在鬧脾氣，但你不知道，我正在經歷的一切有多麼糟糕，而我的委屈跟迫切，那頭的你都不懂。

對異地戀的情侶來說，也許關懷與溫暖鞭長莫及，但是冷漠與疏離卻可以穿透螢幕侵襲你的全身，所以隔著螢幕，千言萬語的情話遠不如面對面的一句簡單關懷。

我總是在想，你什麼時候來？你什麼時候走？為什麼我需要你的時候你總是不在我身邊？

我還在擔心的是，是不是我在獨自規劃我們的未來，而你卻在計劃著分手，假如你對我沉默，我想我會害怕到發抖。

沉默是一切分手的開端，沉默是憧憬的懸崖。我已經見不到你的人了，你可千萬不要不回我訊息啊，你的沉默彷彿讓我墜入深海低谷，而我對你這種窒息般的等待，只會慢慢耗乾我堅守的意志，這種折磨，最殘酷。

你現在已經知道我和你相愛有多辛苦了吧，可我還是願意和你一起異地戀啊，只因我喜歡你，我願意每天孤獨地生活，拒絕身邊的誘惑。我願意這樣堅持下去，因為我想和你有個未來。

我們都足夠成熟，也足夠理智。沒有人願意用自己的感情和青春，去賭個不確定的未來，但因為那個人是你，所以我願意。因為我覺得你值得我等待，我不喜歡異地戀，但我喜歡你，如果可以的話，我想現在就買張機票飛去見你。

真的，我可以獨自熬過所有苦難

和你在一起之後，感覺和單身那會兒並沒有什麼太大的差別。過去很多時候，我都希望你在，在我深夜反覆刷新手機等你訊息的時候，在我一個人拖著行李箱搬家的時候，在我獨自坐在餐廳吃飯的時候，在我想要去看電影的時候，你都不在我身邊。

我希望你能出現，能拉著我的手，帶我去隨便什麼地方，可是你不在，你總是說你很忙，你說你要開會，要加班……你的事太多，而這些事總是要優先於我。

後來我也真的一個人去吃過火鍋，對著對面位置上的玩偶熊，忍不住很難過，我一邊吃著肥牛肉片一邊稀裡嘩啦地哭，誰知道醬料裡有沒有混著我的鼻涕眼淚，總之那頓飯難吃極了。我需要你的時候，你永遠都不在，明明我有男朋友，但我卻過著像單身一樣的生活。

我累的時候，你沒有給我擁抱；在下雨天時，你沒有為我送傘；我生病發燒時，你沒有為我煮粥；在我遇到麻煩與困難時，你總是說：「我有點忙啊，你自己想想辦法吧。」

我想要的幸福很簡單，我不要你每天都待在我身邊，而是當我需要你時，你出現在我身邊就好了。可你偏偏一直缺席，還總是會用很多藉口來掩飾你的冷漠，有時候你還會覺得是我無理取鬧，可等我習慣了自己一個人面對所有的事情的時候，你對於我還有什麼意義呢？

後來，你不在的時候多了，我哭也哭夠了，也不想再麻煩你了，電燈泡我自己會換，我不會怕黑了，也不會天天等著人來哄，當傷心難過時，睡一覺就好了。

你不知道吧，有很多事情我都沒告訴你。我有段時間生病了，很嚴重，每天一個人在醫院裡吊點滴，邋裡邋遢，精神萎靡。就是這麼痛苦的一段日子，你根本不在我身邊，我很委屈也只能一個人默默忍受。你說，我需要你做什麼呢？

我要找的並不是一個能給我很多浪漫的人，而是一個願意牽我手和我一起平平淡淡度過餘生的人，我需要你能在我需要你的時候，陪伴在我的身邊，可你不在，你做不到。你要知道，正因為一直是我一個人，倒沒有什麼可失去的了，我一個人熬過了所有苦難，你就沒那麼重要了。

我真的捨不得你哭

有一次，我情緒特別崩潰，大街上又不敢一個人哭，就隨便撥通了一個電話，是一個男生接的，他沒有掛，而我什麼也沒說，就一直對著電話哭，然後他說了一句「你別哭，我抱不到你，我真的捨不得你哭」。

這段話是在我表妹的網路空間裡看到的。所愛隔山海，山海不可平。半夜三點的社群網站上，有可愛的小女生絕望地寫：我的想念翻山越嶺，還沒到你耳邊恐怕就被風吹遠了。

明明有一個人能在你難過不堪的時候，化解你所有的煩惱和不安，可他離你太遠啦，所有的安慰都不能悉數送到你身邊。你因為怕他擔心，更因為無能為力，於是你隔著手機螢幕朝他揮揮手：「我沒事，我可以的。」

我的一個好朋友柚子，就有這樣的切身經歷，她說當時他說的一句「別哭啦，我抱不到你」，給她多少堅持下去的勇氣。他們異地戀五年了，有一次她發燒三十九度，整個人燙得像剛下鍋的蝦子，她自己蓋著被子都能感受到從裡往外冒的熱氣，柚子崩潰地給男友打電話，哭得說不出一句完整的話。那個時候柚子整個人迷迷糊糊的，只感覺男友在螢幕那邊又焦急又無措，然後聽到他低低的聲音說「別哭啦，我抱不到你」，說著說著他倒是在那邊哭了起來。

「我說你沒燒糊塗吧！」她笑說後來問他當時是不是哭了，他還滿口否認，明明聽到那邊抽泣的聲音，太可愛了。

我知道，異地戀最心酸的大概就是無可奈何，明明是有男朋友的人，但是因為總是一個人，硬生生變成女漢子。遇上過節，身邊人們出雙入對的時候，只有自己孤零零一個人。

我生病或失落的時候，你的關心永遠無法及時趕到。明明一個擁抱就可以解決的問題，可我們偏偏就是抱不到。聊天軟體的對話傳遞不了情緒，電話也感受不到彼此的溫度，卻因為想和你在一起，我只能耐著性子慢慢熬。

可能也就是因為異地戀吧，更多時候，溫暖和驚喜都會放大，所以現在這一點點心酸好像也能被原諒。見面的時候兩個人會加倍珍惜在一起的時光，不見面的時候，他們也會為了兩個人的未來，一起慢慢努力，所以為了能夠長長久久地在一起，現在的辛苦不算什麼，心酸也只是暫時的。

雖然我哭的時候你可能抱不到我，可是總有一天，你會一直一直抱住我，想跟你一起，去有你的未來。

我要的是毫無理由的偏心和寵愛

我們小時候總是嚷嚷著要快點長大，好像只要長大了就能成為所有人口中懂事的孩子。而現在的我一度問我自己：這不是你夢寐以求的長大嗎？現在怎麼愁眉不展？好像一切，都和我想像中的不太一樣。

十六七歲的時候，我總希望像大人們一樣談場戀愛，還幻想著能和他一起乘風破浪行天下，可越長大才越知道，自己只想被當作小朋友一樣地寵著。以前哭著哭著就笑了，現在笑著笑著就哭了，以前不懂的事，現在自然而然地都能想明白了。

小希買了一支心儀很久的口紅，三百多元人民幣，她也就這一件化妝品算貴一點，而她男朋友知道後卻數落起她：「一支口紅三百多元人民幣！你就這樣買了？你真是不把錢當錢花！」小希覺得很委屈，就反駁了一句：「我用我自己的錢買的啊，又沒花你的錢。」

結果他男朋友卻很嚴肅地站起來對她說：「對，用的確實不是我的錢，但這好歹也是你辛辛苦苦上班賺來的吧，你能不能別像個小孩子一樣啊，能不能懂事一點？你怎麼這麼虛榮？」聽了這些話後，小希直接提分手、拍桌子走人了。

對啊，我和你談戀愛就是想做回小朋友的，不是讓你來說我這裡不好、那裡不好的，我要的是毫無理由的偏心和寵愛，而不是一個只會講道理的老師。哪怕我是個酷酷的人，但我依舊希望你能過來抱抱我，讓我別那麼堅強了，告訴我你會牽著我的手，帶我回家。

其實是這樣的，不管一個女生年齡多大，不管她是混世魔王還是小公主，心裡總會多多少少有些少女心的。就好比我自己，小時候想收集齊一整套芭比娃娃，想著灰姑娘的情節也會發生在自己身上，長大後的我變得不拘小節、隨性瀟灑，但見到你時，我還是會很害羞。

誰想要故作堅強的戀愛啊，作為一個女孩子，我只想被寵成會哭鼻子的小孩子。你會給足我安全感，讓我知道，就算有一天我要面對整個世界，你也一定會一直站在我身後。我擁有著毫無理由被你偏心和寵愛的特權，如果要給這種特權一個期限，那最好是這輩子，下輩子和下下輩子。

我不想當混世魔王了，我也不想再當小公主了，我只想要被你寵愛著。

和愛說話的人談戀愛，才知道愛情有多甜

其實我是個話不怎麼多的人，所以一直很羨慕那種話很多，又勇於表達自己內心想法的人。每次遇到喜歡的人，我常常不知道該怎麼和他交流互動，哪怕我心裡有十分喜歡，能說出口的大概只有兩分。我真的好羨慕別的情侶總有聊不完的話題。能和愛說話的人談戀愛，一定很甜。

和愛說話的人談戀愛，你永遠不用擔心會冷場

你總害怕和別人聊著聊著，就突然安靜了，但是和愛說話的人在一起，你就完全不用擔心啦！因為他可能根本就不會讓空氣安靜下來，他前一秒跟你聊，你今天穿的衣服真好看，下一秒就會問你，要不要一起去看新上映的電影。哪怕你突然不知道該說什麼，可是他永遠有一堆想要跟你說的話，你只要順著他的話往下接，根本不需要擔心會冷場。

愛說話的人遇到事情，懂得怎麼去溝通

如果兩個人都很悶的話，那麼一不開心就容易不說話，兩個人都不說話就變成了冷戰，冷戰是殺死愛情的猛藥。所以冷戰，也是兩個人處理感情問題中很差勁的解決方法。和愛說話的人在一起，你們就不會冷戰。因為他什麼事都要說清楚，就算你不開心，他也要先明白你為什麼不開心，所以愛說話的人遇到事情，知道怎麼去和你溝通。

愛說話的人能夠更懂你

他什麼都會問你，和你有數不清的共同話題，他會在和你的談話中發現你的喜好。他能夠輕而易舉地知道你喜歡什麼、討厭什麼，他會避免去聊你不喜歡的話題。可能有些你說過的話，你自己都記不得了，但是圍繞在你身邊的愛說話的人，一定會替你記得。

愛說話的人不會讓你有猜忌、多疑的負面情緒

身為一個愛說話的人，他一定每天事無大小地向你彙報他的日常，把他身邊的事情一五一十地講給你聽。你既不用擔心他會離開你，也不用擔心他會招蜂引蝶，他能在最細微的小事上給你最重要的安全感。

愛說話的人一定超在意你

哪有人天生就是愛說話，不過是因為和你在一起有說不完的話罷了。沒有人可以時時刻刻當一個精力充沛的金頂電池兔，但是在你這裡，他願意把所有的事情都說給你聽，因為你對他而言真的很重要。

他或許不擅長哄人，但是他一定會瞭解你不開心的原因，然後去解決所有的問題；他或許還有些孩子氣，但他能夠把所有的熱情全部給你。如果你覺得你身邊有個關心你、願意把他的所有生活都分享給你的人，那麼他一定超級在意你。

為什麼越來越多的人選擇愛上「小奶狗」

想找個男朋友，像是一隻小奶狗般可愛。他高出你一個頭，可以替你擋風、擋太陽，但有些時候，他也會找你撒嬌親暱，你也拿他沒辦法，因為他就是這樣一個小朋友。

有句話是這樣說的：「戀愛的男人就是孩子，心無旁騖得像傻子。」儘管有時候他也很幼稚，會踩到你的地雷區，讓你不想搭理他，但其實他在用自己笨拙的方式，很努力地愛著你。

他小心翼翼，時刻在意著你的感受，他對待你的溫柔程度，就像是用筷子夾豆腐時的那種感覺。你出門怕你冷著了，你賴床怕你餓著，你生病了，他二話不說就把你背到醫院，替你掛號，陪你打點滴，甚至你都沒哭，他就哇的一聲哭出來，因為他實在太擔心你了。

別的女孩子找他聊天，他都是很高傲冷淡的，但唯獨在你面前，他不冷漠，也一改直男的狀態。他會很驚喜地給你變出禮物，也會在你生氣的時候讀懂你的心情，他願意為了你改變，變得更討你喜歡。你什麼時間找他，他都有空，就像二十四小時營業的便利店。你給他發訊息，他都是秒回；你想吃的食物，無論是小龍蝦還是披薩，他都會很快就送到你面前。

他真的非常喜歡你，不是偷偷地，他會大大方方牽著你的手，把你介紹給他所有的朋友，他喜歡你這件事，就是要讓全世界都知道。書籍《愛你就像愛生命》裡有這樣一句話：只要你還在我身邊，我就想對你好，別問我為什麼，我也不知道是為什麼。

他有什麼喜歡的，看到什麼好的，第一時間想到的都是你。哪怕是一支覺得好看的牙刷，他也會買下來給你，因為他真的很喜歡你啊，你的一切他都很喜歡。每天才幾個小時沒見，他就到處要找你。看到你的訊息，他就怎麼也控制不了笑容。因為喜歡你，跟你閒聊他都覺得有趣，因為喜歡你，所有事情都想告訴你：

「這部電影真的好好看。」

「路上見到一隻貓，怎麼這麼可愛。」

「打算給你買兩個蛋糕，想吃什麼口味？」……

他想和你一起下廚，一起吃飯；一起在雨天打傘，一起聽喜歡的歌；一起去環遊世界……

他把你當孩子寵愛，你把他當枕頭依靠。和你在一起之後，他的眼裡全是你，他真的一點都不介意把你餵胖，也不介意你半夜突然醒來說好餓啊。他一定會裹上衣服，就陪你去吃火鍋；或者為你下廚，做一份蛋炒飯，因為他超喜歡你吃東西時那種滿足的眼神。你可以隨時撲倒在他的懷裡，緊緊地抱住他，也可以毫無顧忌地去跟他說：「我想你了，我又想你了，我真的好想你！」因為他喜歡你這樣對他講。

在他的身邊，你不用刻意地掩藏你的情緒，也不用有任何的心理負擔。你想笑的時候，他會陪你一起笑；你想哭的時候，他會給你擁抱。過去你覺得全世界即使有六十億人，但你也遇不到屬於你的那個人了，但遇見他之後，你覺得全世界有他就足夠了。

原來喜歡上一個人，真的就是願意用你的一輩子去喜歡他。即使只有兩個人也好，每天都過得開心，一屋兩人，三餐四季。人生談一場這樣的戀愛就夠了。

有個「小奶貓」女朋友真甜

喜歡一個人，就會情不自禁地想要時時刻刻黏他。我之前在微博上看到這樣一句話：她的優點是不黏人，缺點也是。

其實很多男生也很矛盾，他們想要個黏人的女朋友，因為他們想要這種被需要的感覺，但他們又想要個不黏人的女朋友，因為他們想要擁有自由的空間。可是做為女生，因為喜歡你才黏你的啊，如果哪一天女生真的給你很大的自由，那一定是不喜歡你了。

我的一個好朋友，他女朋友就非常黏他，逛街要他拎包，吃蝦要他剝殼，有時候走路都要他背著哄著。大家都調侃朋友是妻管嚴，可朋友就是願意寵著她。朋友解釋說：「因為她喜歡我、信任我，所以才會處處都黏著我。」他們的愛情真的很令人羨慕，可是有多少人能夠一直忍受這樣黏人的女朋友呢？

「要是我一直這麼黏你，你還會喜歡我嗎？」

「當然會了，『小奶貓』。」

這是很多人戀愛初期的對話，那個時候的愛情充滿了新鮮感，兩個人也甜甜蜜蜜。可是一段時間過後，感情卻變質了，之前疼愛有加的「小奶貓」也變成了自己的一種負擔。愛人之間的對話也就變成了：

「我想你了，你在幹嘛啊？」

「我很忙。」

「不是忙著想我嗎？」

「你很煩！」

我見過很多人的感情都不可逆地從甜蜜走向了破裂。當一個人付諸真心，想要暖化另一個人時，卻被對方認作是一種負擔。

其實這些男孩子真的是一點也不懂得珍惜，有個「小奶貓」女友的生活非常甜，你會時刻被掛念著、被愛著、被緊緊擁抱著，儘管她有時候會很幼稚、會很黏你、會想打電話給你、會想知道你在哪兒，可是這是因為她的心裡都是你。

她送你的小禮物、為你寫的情話、發送給你的表情貼圖，這些都是因為她喜歡你而願意為你做的事情。你覺得她很黏、很煩人，說很多很多的廢話，想去很多很多無聊的地方。她占用你玩遊戲的時間，打擾你和別人聊天。你覺得她好像無處不在，填滿了你的整個世界，你以為她沒有你就過不下去，會成為無人愛惜的「流浪貓」。

可事實卻恰恰相反，她很懂事，也不是非你不可，失去了她是你最大最大的損失。她只有在你面前才會幼稚，但到不久後的某天你會知道，你才是真的，非常非常幼稚。

一定是很喜歡你，不然他怎麼會曬恩愛

有個女孩私訊我：七夕那天我的男朋友沒送我禮物，沒發動態貼文，只說了句七夕快樂。我問他為什麼不送我禮物，他也是很敷衍地回答說談戀愛沒必要講究這個，曬恩愛太尷尬。他是不是不喜歡我？

說實話，我從這個事情也沒法作出判斷。男人心思沒有女人細，他們很多都不善言辭，喜歡一個人，即使默默做了很多，也不會去事事找你邀功。他們只會在心底保留一個期待，等著看你驚喜的表情。

他不曬恩愛，不在社群網站洗版，不每天甜甜地說個不停。雖然這樣，但是我還是建議大家找個願意為你曬恩愛的人在一起。他不一定要在社群網站天天曬你，但他的錢包裡應該有你的照片，手機解鎖應該有你的指紋。他願意大大方方地跟身邊的朋友介紹你，也願意帶你回家，為你做一桌子飯。

朋友小七之前問我：「為什麼我男朋友從不為我曬恩愛啊？」小七戀愛已經三個月了，在他們交往的這段時間裡，她男友從來沒有在社群網站發過兩人的照片，甚至沒有流露出一點他們正在談戀愛的痕跡。

小七在微博上曬兩人自拍，在社群網站分享兩人甜蜜日常，甚至還主動標註了男友，可對方理都不理，甚至連讚都不按。小七愛得坦坦蕩蕩，可男友一直一副女友見不得人的模樣，對這段感情畏畏縮縮，不敢聲張。其實在感情裡，一個人主動曬恩愛，這是一種表達他願意對對方專一的方式。公開是因為他很大程度相信，對方會是陪自己走到最後的人。

小七想要主動示愛，昭告所有人，可她每次發了動態貼文後，就一直像個傻子一樣地對著手機發呆，除了刷新畫面還是刷新畫面，但是沒過幾分鐘又刪除了，其實她在等對方的按讚和留言，可是對方始終都沒有。

我覺得曬恩愛這種事應該適量，但是不可不曬。曬恩愛不是恨不得把喜歡的人和自己綁在一起，弄得無人不知那樣，而應該適度地進行表達，願意把對方帶入自己的生活圈中去。愛曬恩愛的人通常坦蕩、一清二白，不找備胎也不和別人玩曖昧，身正不怕影子斜，即使和別的女生同處一個空間也不怕被人看見。

如果一個人真的愛你，就一定會想要炫耀你，會把你寵上天，挖空心思對你好，疲憊時依舊愛你。說一些很甜的話，做一些讓你想起來都覺得好玩的事。

如果你遇到了願意為你曬恩愛的男人，你一定要好好珍惜他，因為有些人啊，錯過了就真的遇不見了，一定要好好抓住他才行。

對你溫柔的男生，怎麼捨得讓你受委屈

和溫柔的人談戀愛真的太舒服了，為什麼要和溫柔的男生談戀愛？很簡單，因為溫柔的男生像是清風，他會用最輕的力氣、最甜的方式與你相處，他不會捨得讓你受委屈，你會感覺自己被整個世界溫柔相待。他像是寒冷季節裡的一床被子，又像是冬日裡的溫泉，他會讓你感到滿滿的安全感，只要和他待在一起，看一看他的眼睛，你很快就渾身充滿了力氣。

有人說：溫柔是一種特別的內在力量，能驅散不安的情緒、能復甦枯萎的愛情。

和溫柔的男生談戀愛，你會感覺自己就是一隻被寵愛的貓咪，他說話很輕，很有禮貌，對你就像對待一個瓷器般溫柔體貼。他不是故意討好你，也不是為了做樣子讓你開心，他是真的用生命在溫柔地對待你，他的溫柔能夠讓你收起不安，回歸平靜。溫柔的男生都帶著一種讓人無法抗拒的魅力，他對全世界都溫柔，對你最溫柔。

我有個朋友，脾氣出了名的暴躁，玩遊戲的途中會突然暴跳如雷，甚至有時候會毫無理由就突然變得很情緒化。直到後來遇見了一個很溫柔的男生，她簡直像變了一個人似的，整個人也變得輕聲細語了起來。我問她為什麼會有這麼大的變化，她說因為男朋友，每次想和那個男生拌嘴，男生就只知道衝著她笑，然後摸摸她腦袋，無論她有多少氣都消了，所以她的脾氣也逐漸變好了。

是這樣的，遇見了一個溫柔的人，你自己都會不自覺地善待周圍的一切。你會感覺到柔軟的力量，也會慢慢地喜歡這種平靜的感覺，而且你也會被那個溫柔的人照顧得很好，就像是睡在一床剛剛被太陽曬過的被子裡，太舒服了。

這世界讓人嘔氣的事情已經太多了，讓人感到寒心的人也太多了，難得有一個人願意輕聲細語地對待你、包容你，問你開不開心，今天過得好不好，所以就請你珍惜這樣的人吧。假如你難過，他會陪你難過，你要是還不好，他也會一直待在你身邊直到你不再難過。和一個溫柔的男生談戀愛，真的是一件很幸運很幸運的事情。

你要相信，總有一天你會遇到那麼一個人，他待你溫柔，他理解你的脆弱，他會成為你的鎧甲，你們會一直幸福下去。

這才是愛情最好的模樣

大概每個女孩都想被寵成小公主，然後談那種幸福滿滿、帶著甜味的戀愛吧。畢竟，被人疼愛著的感覺真是太美好了。

記得我與一個處在戀愛中的朋友聊天，我說你現在每天都很開心的樣子啊，真是令人羨慕。她哈哈哈地笑起來：「對啊，我也超享受這種感覺的。」

「哪種感覺？」

「就是這種被人愛著，自己像個貓咪的感覺。」

說話間，她男友又發訊息過來了，她看了之後滿眼笑意，回覆的時候恨不得把臉貼螢幕上。聽她說，她男朋友每天都會準時接送她上下班、會幫她把洗澡後濕漉漉的頭髮擦乾、會給看劇的她嘴裡塞一個新鮮的草莓、會扭著身子給她拍很多很多好看的照片，他還會替她沖泡紅糖水、對她一本正經地說冷笑話……

我問朋友：「他說的冷笑話好笑嗎？」

朋友回答道：「不好笑啊，不過只要是他講的，我都會笑。」

我當然理解啊，那些真心喜愛著彼此的戀人，只要看對方一眼，就會藏不住自己的笑。我很替她開心，因為我的這位朋友很懶，現在她終於可以心安理得地化成一灘「軟泥」躺在戀人的肩上了。

和寵愛你的人在一起真的太甜了，與對方相處的時候，你會感覺自己無時無刻不在被包容著。你可以毫無保留地展示真實的自己，也可以在脆弱的時候像個孩子一般，尋求他的擁抱與吻。

寵愛一個人的方式有很多種，比如，他願意花時間陪你，願意花心思讓你開心、願意替你剝蝦、替你洗頭髮、幫你拎包、對你說一輩子的情話……所有的所有，他都願意。說起原因，就是因為他愛你。

你發的訊息，他總是秒回；聊天軟體裡只置頂你一個人的訊息；手機桌面也是你的照片；過馬路的時候，他不會自顧自地往前走，而是牽住你的手一起走；你們鬧矛盾時，他會一把摟住你，跟你說他錯了；和朋友聚會時，他總是摟著你的腰，恨不得告訴全世界你們在一起了。

他不會因為一些小事和你吵到不可開交，他理解你的感受，也願意陪你一起難過。他懂得尊重你、遷就你、陪伴你，給你極強的安全感，不讓你患得患失，他會讓你知道他越來越愛你。他愛你的所有，也願意把他的一切都交付給你。他會變成你的鎧甲守護你，讓你安心入睡，讓你對餘生充滿期待。

想起之前，有個朋友問我最好的愛情是怎樣的，我說我希望每個女孩子能遇到那個給她溫暖、把她寵成小女孩的人。願他溫熱又可愛，像是剛剛曬過太陽的被子，你可以像貓咪一般依偎著他；願他與你共度餘生、為你傾盡所有、把你看得比自己還重要；願他只想慣著你、寵著你。願他寵你如初，願你愛他到老。

你在鬧，他在笑；你脾氣不好，他哄哄就好。這大概就是愛情最好的樣子。

我們都在等一個和自己相契合的靈魂

很早以前，我看過一部電影，裡面有句話是這樣說的：請記得那些對你好的人，因為他本可以不這樣。

真的是這樣，現實中的我們都很忙，誰有空一天二十四小時看著手機，只為了回你訊息呢？誰又有空在特別冷的天裡，在你的樓下等你一起去逛街、看電影、吃飯呢？誰有那麼多錢願意買禮物給你、願意帶你去吃好吃的呢？他之所以願意為你做那麼多，只是因為他喜歡你。

當你真正愛一個人的時候，你會情不自禁地為他做很多事情，只是為了讓他開心，所以，你一定要好好珍惜那個把你寵上天的人。

作家王小波說過一句很甜的話：你想知道我對你的愛情是什麼嗎？就是從心底裡喜歡你，覺得你的一舉一動都很親切，不高興你比喜歡我更喜歡別人。你要是喜歡別人我會哭，但是還是喜歡你。

當一個人喜歡你時，他願意把最好的都給你；他看到的好東西，都想買下來送給你；他剛學會做的美食，想要做給你嚐，他整個腦子裡想的都是你。他會對你說情話，陪你壓馬路，帶你玩遍所有的遊樂園；他陪你看雪、泡溫泉，陪你游泳、曬太陽；他陪你看書、聽歌，旅行、流浪。

我以前就說過，女孩子都是越寵越好的。因為當一個女孩決定跟一個人在一起的時候，也就是說她放棄了遇見其他人、和其他人在一起的可能。她往後的擁抱、親吻、有早安晚安以及日復一日的陪伴，都只給她認定的那個人了。無論他是光芒萬丈、特別優秀的人，還是普通到不能再普通的人，她都決定把自己完全交付給他。

你在最美好的年紀選擇了他，他當然就應該對你好呀，作為回報，你一定也要給他最好的親吻和擁抱。他做飯你記得幫忙，他買回來盆栽你記得澆水，他說「你願意嗎」的時候，你記得說「那當然」。

總之啊，你要相信，在未來的漫長歲月裡，你一定會遇到那個對你好得沒話說的人，他像冬天的暖氣一樣暖，也像小貓一樣溫順可愛；他願意與你共度餘生，為你傾盡所有；他能替你擋子彈，也會為你做早餐。就像王小波說的那樣：「你啊，是非常可愛的人。」希望所有的人都能遇到最好的人。

沒什麼不解風情的直男，只要用心就是足夠喜歡

網路上有人提問：女孩子究竟喜歡什麼樣的男生？有一個得到最多按讚的回答是這樣寫的：喜歡對她好的。

有一次，一個沒聊過幾句話的女孩突然在微信上找我聊天，她說她想要結束一段感情了。她愛過一個對她特別好的人，男生追她的時候，晚上聊天時聽說她想吃小龍蝦，就一個人在冷風中跑了大半個小城，買來送到她家樓下。

當初男生追她的時候對她是真的很好，時間一久，女孩感到了被珍惜和被愛的感覺，於是，她奮不顧身投進他的懷抱，替他做飯、幫他打掃房間，用自己的方式回報他的愛。但女孩沒想到，男生給她的愛情是那樣短暫。

在一起之後，男生已經很久沒逗她笑過了。她偶爾鬧鬧小情緒，男生還嫌她無理取鬧。女孩說，覺得自己好像被騙了，男生根本沒有之前追她時那樣愛她，他雖然沒有背叛她，但他愛不愛她，她就是能感覺到。因為女孩子都是敏感的，她能因為你對她好而接受你的愛，也能因為你不對她好而放棄這段感情。

作家匡匡寫過一句話：我一生渴望被人收藏好，妥善安放，細心保存。免我驚，免我苦，免我四下流離，免我無枝可依。每個女孩都渴望遇到對的人，逗她笑、陪她鬧，在朝朝暮暮的相處中對她好。

如果男生讓一個女生感到了愛情的甜蜜，她會無時無刻像個孩子一樣開心。她會變成小王子的那朵玫瑰花，會肆無忌憚地在你面前撒嬌放縱。她需要你慣著她、寵著她，花時間逗她開心。因為女孩子都是需要愛的，誰也不願意投身一段感覺不到愛情的關係中，但她不會一味地要求你的付出，她也會用她的方式對你好，用她的力量期待和你的未來，而她只要你能愛她。

如果你真的喜歡一個女生，那就好好對她吧。你愛不愛她，她感覺得到；如果女生感覺到有人對你好時，你也要懂得對別人好，因為在這個世界上，沒有誰天生有義務要對你好。誰都不願去委屈自己，女生等待著的，就是那個能一輩子對自己好的人。有句老話說得好：你愛的、你想的、你牽掛的，最終都會輸給對你好的，對你足夠用心的。

原來你就是我最想要的幸運

每次大麻煩小麻煩一起找上我、倒楣得喝白開水都塞牙縫的時候，我都想找老林，倒不是因為老林會幫我解決問題，她甚至連安慰人都不會，她只會白我一眼，還嘲笑我。

但最多的情況是，她就看著我跟我說「哭吧」，然後我就真的痛痛快快、酣暢淋漓地賴在她懷裡哭一場。哭完了我就起身，偷偷把眼淚鼻涕抹在她衣服上，然後朝她擺擺手，假裝堅強地說：「行了，我沒事了，你滾吧。」老林就會冷笑著乖乖走了。

老林知道我是個又倔又不講理，什麼事都藏在自己心裡的人，她當然也知道，是生活把我們整得沒脾氣，整得沒辦法認服輸，我們除了一件一件解決它、打敗它，難道還有更好的辦法嗎？我們甚至都沒辦法讓它消失，而唯一能得到安慰的是，這個時候我們還能被人溫柔對待。

曾經有個男孩子，他會在我遇到麻煩事的時候溫柔地跟我說：「沒事，哭吧，哭出來就好了。」

然後借我他的肩膀，我就好像獲得了一些些勇氣，就算只有一點點都能讓人再哭一場。

很多時候我都覺得，就算沒有看到一件事情的陰暗面，光是那些讓人感到沮喪、負能量、不夠體面的時刻，就足夠使人失去擁抱的欲望。若是這個時候，依然有人推開全世界，單單站在你面前跟你說：「想哭就哭吧！」然後你就能號啕大哭，眼淚止不住地流，這真的是最浪漫的一件事了。

沒有陪伴的感情都是虛的，成年人要的是真實可觸的伴侶。

如果他是真的在意你，你生病的時候他應該抱起你就去醫院，而不是發簡訊讓你多喝熱水。你想看夜景的時候，他應該拉起你的手就走，而不是敷衍地說：「好，改天帶你去看。」

你無助的時候他應該出現在你面前給你擁抱，而不是讓你早點睡覺，別想太多。

所有的所有，你要的都是真真實實的，而不是所謂承諾和明天，因為你已經過了耳聽愛情的年紀。

我們要的是實實在在的陪伴，如果我累的時候，他不願意給我擁抱；如果在下雨天的時候，他不願意來接我回家；如果在我需要他的時候，他總是推託和拒絕，那我還是放棄等待吧。

他一直在我的世界裡缺席，說了再多的空話又有什麼意義呢？只會徒增我的難過與失望。希望我們都能碰到這樣對你說的人：「我知道你很堅強呀，但是我也明白你的全部脆弱，我還願意幫你遮住別人的眼光，攬下你的難過。隨意哭吧，哭一場什麼都不能解決，但是你知道了，無論如何都有我在呀。」

對方正在輸入中……

S告訴我，她跟她的男朋友分手了。我有些不解，我問她：「你們不是挺甜蜜的嗎？」她很無奈地搖搖頭：「其實啊，我已經很久沒見到他了。」

她說她男友總是說自己很忙很忙，今天忙，明天忙，未來的一週一個月都會忙。S說對方之前不是這樣的，在雙方確立關係之前，對方每天都纏著她聊天，一直聊到她手機沒電還捨不得掛斷，就連「掰掰」都要反覆說四五次。

那時候，那個男孩每時每刻都有空，幾乎恨不得一天都和S膩在一起。他也會挖空心思地給她驚喜，帶她去做有趣的事情，週一放風箏，週二逛商場，週三一起下廚做好吃的，週四開車去兜風……

S說她挺懷念他們最初的感覺的，兩個人好像有一生的時間可以浪費。可到了後來，男友就徹底變了，她過上了比單身時還孤苦的生活。

他們每天除了互道早安、晚安就沒有了其他的話題，有時候聊了兩三句話，對方就沒影了。於是S乾坐著等了大半天，卻遲遲等不來他的回覆，S有時候在夜裡難過，想打電話給男友，想了想還是算了，反正對方也只會說一句「別瞎想了，睡吧，晚安」。

「所以這樣的戀愛，我要它幹嘛？」S憤憤地說，眼裡滿是委屈。對啊，如果一個男生連和你交談的時間都不願意給你，他用各種理由躲起來，讓你找不到他，那你還奢望他能給你什麼更大的幸福呢？對你而言，他只是一個空有著男朋友名義的軀殼吧。

你有沒有等過一個人的訊息，從白天到深夜你一直在反覆點開手機，只為了看到他發你一則訊息，可他沒有。你有很多次都告訴自己別喜歡他了，多累啊。你取消掉了他的聊天對話置頂，也把他的帳號備註改成了你討厭的東西，你希望這樣能夠弱化自己對他的想念。

你暗示自己別再看他的聊天對話視窗，可你一整天都在心不在焉的等待中度過。你假裝自己不會在意，可你收到他的訊息之後恨不得反覆讀好幾遍。其實你知道你輸了，你一想起那個人，看到他的頭貼、聽到他的聲音，你就像是失重了一般，你內心開始躁動，覺得自己快要堅持不下去了。

可一旦他告訴你，他剛才在忙，在加班、在吃飯，你就心甘情願地選擇原諒他，並比之前更加熱烈地投入到與他的聊天之中。其實你都知道的，他哪裡是什麼太忙啊，喜歡你的人，巴不得二十四小時跟你說話，他所有的敷衍與不回復，都只是因為他不夠喜歡你罷了。也可能不是不夠，而是根本不喜歡。

很多時候你就希望假如當時你不要認識他就好了，這樣你就不會時時刻刻等他的訊息，期待和他聊天的對話視窗上顯示「正在輸入中……」，你也不會因為他的一句話或者一個表情貼圖，心情如潮起潮落一般，但也可能第二天早上，我醒來就不會喜歡你了。

我不需要無止境地等待，也不用想像你的每天在發生著什麼事情，所以晚安，我想你了，這是我最後一次對你這樣說了。

請以我的方式來愛我

在微博上看到這樣一個故事：「那年，網路銀行還不流行，我發了一則簡訊跟他開了個玩笑，我說只要九百九十八元人民幣，就可以把我帶回家。過了很久他都沒回我，我以為他在忙，突然，手機簡訊傳來提示，我的銀行帳戶多了一千元人民幣，我一陣詫異，他的簡訊隨之而來：『剛剛急著去銀行了，現在跟我回家吧。』」我突然覺得很感動，總有一天，你會遇到以你的方式愛你的人。

大學的時候，我也總希望有個男生，可以以我喜歡的方式來愛我，我喜歡夜跑，他可以陪著我；我喜歡看恐怖片，他可以陪著我；我撒嬌生氣的時候不喜歡說話，他不會和我鬥氣不理我；我上課的時候，總是聽不懂高等數學老師講的微積分，他會做好工工整整的筆記給我。我是全世界人眼裡又鬧又不漂亮的女生，在他眼裡，卻是最好最合適的女孩。這樣的期望一直伴隨了我整個大學時光。

之前有個妹妹在微信公眾號對我這樣說道：「男朋友是一個太理性的人，他總喜歡以他的方式來愛我，他覺得女孩一定要穿裙子才顯得好看，所以每次送我的禮物都是裙子，他卻不知道我一直夢想的是穿一條牛仔褲；我生病的時候，他會燉很膩很膩的烏骨雞湯給我喝，可是我真的很討厭那種味道，跟他講了無數遍，他卻一副對你好，你卻不領情的樣子；還有，我很喜歡吃冰淇淋，有些時候我就很想吃一口，他就無論怎麼也不會買給我，他說會吃壞肚子的，可是我真的很想吃嘛。」

愛一個人，是沒有公式的，他明知道你喜歡粉紅色的物品，偏買黑色的給你，當你拒絕他的好意，他卻覺得你是不領情。有時候好意會讓你喘不過氣，錯的不是彼此，只是相處方式不一致。

我真的希望有一個人，聽見我想吃冰淇淋後，就立馬跑去買給我，然後對我笑著說：「喂，吃壞了肚子我可不負責哦。」然後我就很開心，也許我就不吃了，可是他從來都不會，只要他認為對的，他就從來不管我願不願意。

我和妹妹說：「愛你的人會明白，你的任性、無理取鬧只是想證明，自己在他心裡的重要性。你希望他可以寵著你，哄著你，這樣你才會覺得特別有安全感，愛你的人，永遠不會覺得你無理取鬧、招人討厭，他所有對你的愛都會是你喜歡的方式。」

在女孩的世界裡，愛情是不需要講道理的。她希望你能以她喜歡的方式去愛她。

餘生，和相處舒服的人在一起

和什麼樣的人談戀愛能夠談很久？其實答案很簡單，就是那種相處起來，讓人感覺很舒服的人，和這樣的人在一起，你不會覺得患得患失，不會覺得沒有安全感。

我身邊的一個朋友，人挺好看的，氣質也不錯，追求她的人其實很多，但是一直以來她都保持單身，既不答應別人的追求，也從不主動出擊。我們都說她太挑了，她說沒有，只是現在真的沒有遇見喜歡的人。我很理解她的想法，談戀愛這種事將就不來。

我原本以為她會就這樣繼續一個人下去，但她突然告訴我她戀愛了。我和他們吃了頓飯，發現男生不是我想像中的那種帥氣的人，而是斯斯文文、有點普通的樣子，但朋友卻大方地拉著男生的手對我說：「他就是我要找的人。」

朋友跟我說，感覺對了真的躲都躲不掉，你難得遇到這樣一個和自己志趣相投的人，你隨便說什麼對方都理解，兩個人有聊不完的話題。兩個人對彼此保持好奇心，相看兩不厭，即使只是坐著不說話，兩個人也不會覺得尷尬。

想起川端康成寫過的一段話：當我擁有你，無論是在百貨公司買領帶，還是在廚房處理一尾魚，我都覺得幸福。愛像一股暖流滋潤著我。

愛情總是可以輕而易舉地改變一個人，我的這個朋友在談戀愛之後真的完全變了，過去很多時候她都是冷酷地板著臉，現在她每天都是喜笑顏開的。

現在的她真的挺令人羨慕的：遇見了對的人，談了場合適的戀愛，變得越來越像個孩子。想起木心的一句詩：哪有你，你這樣好，哪有你這樣你。

當你愛的是對的那個人，那他會明白你的所有情緒，然後給你心動以及心定的力量。在他身邊，你可以像隻貓咪般撒嬌，你也可以在心情不好的時候狠狠欺負他。網路上看到一段話：越長大越覺得自己誰都不想再取悅了，跟誰在一起舒服就和誰在一起，包括朋友也是。累了我就躲你遠一點，你喜歡我，我喜歡你，那麼我們就在一起，如果不合適，也不要互相勉強。

我已經過了那個你不喜歡我、我也非要哪有你，你這樣好，哪有你這樣你喜歡你的年紀，我現在想得更多的是，如果你喜歡我，那我也試著喜歡你。我始終覺得平時的生活已經很累了，所以還是和那個讓我感覺舒服的人在一起吧。

CHAPTER 5

分手失戀的痛，經歷過了都懂

越談越寂寞的戀愛是一種怎樣的體驗

談戀愛不是辦慶典，不是每天都要在社群空間發個貼文顯擺一下。真正牢固的愛情都很平淡、很低調，真正的愛不是累了就分手，是即使再累也想在一起，但必須是兩個人一起努力，如果只是一個人在努力，那就錯了。

見了一個認識很久，長得特別帥的男性朋友，我們兩個人無話不談，從過去到未來、從前任到現任，最後他和我講起他上一段的感情。

他說他的前任長得特別好看，是他花了很長很長時間才追到的。本來剛開始在一起的時候，兩個人的感情挺好的，那個女孩子也特別用心，對他噓寒問暖，但也許是時間長了，現在兩個人不知道怎麼的感情就淡下來了。

起初吃飯、看電影、出去玩，兩個人還會一起商量時間、地點，後來慢慢地，那個女孩子只是說一切由他來決定。

他說完以後，我沉默了很久，因為我也不知道該怎麼去安慰他。興許那些越談越寂寞的戀愛就是這樣的吧！好像世上所有的戀愛都差不多，都是一開始互相喜歡得不得了，恨不得將所有的熱情和歡喜都給對方，然後再慢慢地重新將愛一點點收回。

可能有些人沒談過幾天的戀愛，所以不知道愛慢慢變淡是什麼滋味。我一個學妹在社群空間發了個動態貼文：鬧一次收斂一次，最後都在等彼此先提分手。

一定有很多人都有過相同的經歷吧，兩個人吵架、鬧不愉快的時候，在女生還愛男生的前提下，只要有一次男方不願意退讓，那往後女生發脾氣、吵架都會思量著、忍氣吞聲，因為她知道就算吵架了，對方也不會去哄她。

不是想像中的戀愛和現實中的戀愛不一樣，而是感情談著談著就變淡了。愛情的一開始不都是你說什麼、我配合，你喜歡吃幾公里外的麻辣燙、我能給你買，你不開心、我願意哄，你生氣、我願意退一步嗎？但後來的你生氣、我隨意，你餓、自己買，你不舒服、多喝熱水也通通都是真的。

所以啊，那些越談越寂寞的戀愛通常都是，明明大家都有空，但總會有一方要麼不停地打遊戲，要麼寧願自己玩也懶得和對方做點什麼。一直以來，我都覺得戀愛是一個不斷重新喜歡上對方的過程，而不是感情慢慢變淡的過程。說起來，不知道有沒有人發現，那些越談越濃的戀愛通常都是兩個人在朝一個方向去努力。

如果戀愛中，有一方先不愛對方了，那樣的愛情也只會變得越來越無味。如果兩個人的感情能一直是甜的就好了，這樣我就能做你懷裡懶散的貓了。

和前女友究竟還能不能做朋友

五湖四海那麼多朋友，為什麼非要和前女友交朋友，何況你也不是「工具人」，不必天天幫前女友跑腿。

我和我弟聊天，說到該不該和前任有聯繫的話題時，他擺擺手格外正經地和我吐槽：「你是不知道現在的女生，真的讓人捉摸不透，明明是她纏著我，要我給她說說前任的故事，但是她聽著聽著突然就對我發脾氣了，還嚷嚷著讓我回去找前女友，小心眼得不得了。如果被她知道我和前任還有聯繫，那我不是找死嘛。」然後接著說道，「不管你還愛不愛前女友，既然分手了，就要斷得徹底，不然必有後亂。」聽完，我又一次不得不感嘆現在的孩子，小歸小，但都是明白人。

還有人問我，說和前任分手時沒打鬧過，分手後互相之間也沒有愛，只偶爾問候，這樣有沒有關係。我感到很奇怪地反問他們：「難道你們不覺得和前任保持聯繫，是對現任的不尊重嗎？」

你有沒有想過，當你在和前女友互撩的時候、替前女友跑腿的時候，現任得多委屈嗎？一旦被現任知道你還和前女友聯繫著，她會怎麼想？她會想：是不是自己哪裡不夠好、是不是你愛前女友比愛她多，所以你還忘不掉前任，你知道她多委屈嗎？

我給大家舉個身邊一位朋友真實的例子吧。我平時相處得特別親近的一個朋友，他的好幾任女友都是因為發現他和前任保持聯繫才分的手。他就是那種爛好人，前女友遇到一點點屁事找他幫忙，他就唯命是從地跑過去；前女友心情一不好就找他聊天，他還樂此不疲。

用我們的話來說，他適合和前女友談戀愛，而不是現任。當然，他也說了無數遍，不是因為還愛才保持聯繫，而是單純地覺得戀人當不成，當個朋友也行的心態，所以基本上，他被分手也是活該。

說實話，女生和你談戀愛是想來找個能只對自己好的人，而不是找個天天替前女友跑腿的「工具人」。男生想談戀愛時請保持這樣的狀態：不聯繫前女友、沒前女友糾纏、不跟其他女生曖昧，可以對這個世界不屑一顧，但要對現任女朋友掏心掏肺。

有句話說得好：「不管當初的你們多認真、多相愛、多海誓山盟，一旦分開了，你們之間就真的什麼都沒有了。」

我想了又想，終於還是決定封鎖你

看到一句很椎心的話：最後進入你黑名單的那個人，最初也曾照亮過你的世界。

分過手的人大概都有這個感覺，回憶整段感情就像放映一部電影一樣，兩個人由陌生到熟悉，由甜蜜到平淡，再到冷漠，你看著這些事情在發生，你想要改變些什麼，卻發現自己根本無能為力。

那個你刪了又加，加了又刪的人，曾經是踩著七彩祥雲闖入你心裡的人，可到最後，你發現他並不是你的齊天大聖，只是一個過路人罷了。你已經無法僅僅依靠回憶過去就能繼續愛下去了，所以你選擇告別過去，因為你再也不想失望了。

那個在你黑名單裡的人，你起初不認識他，他也不瞭解你，但他突然出現了，他向你搭話，然後沒日沒夜地陪你聊天，那時候你感覺兩人有說不完的話。每次你找他的時候，他也總是對你有說不完的話，你們有幾百頁翻不完的聊天記錄。

你每天醒來的第一件事就是拿起手機，看他是不是留言給你了，你想知道他是不是也同樣想你。後來你把和他的聊天置頂了，讓他出現在你對話列表裡最顯眼的位置上，因為你希望第一時間收到他的訊息，你害怕錯過任何與他有關的資訊。那時候你喜歡他的全部，你也真的很開心，你覺得你們會這樣一輩子相處下去。

可是他變了，變得不再像剛開始時那樣親近你了，他開始很少發訊息給你了，甚至有時都不會回覆你。一段感情最心酸的地方就在於，在他離你越來越遠的時候，你卻喜歡他越來越深了。

你時不時關心他、問候他，你推薦給他你覺得不錯的電影或是喜歡的歌，但到頭來只能得到他的一個「好」字或是一個無關緊要的表情貼圖，這真的很傷人。

原來大多數人的離開，都是悄無聲息地，他只會用冷漠消磨你的耐心與熱情，他從你的世界裡消失是一點一點地，就像你喜歡上他那樣。所以你取消了對他的聊天置頂和加進「我的最愛」，清空了他所有的照片，甚至退出了他的社群群組，因為他不再喜歡你了，他的一切也就與你無關了。

你把那些曾經珍視的截圖、一次次讓自己笑得像神經病的對話，也全部都毫不留情地刪除了。最後，你還是把他從好友列表中刪掉了，因為你擔心自己再找他聊天，與其反覆失望，不如徹底斷了念想，雖然傷口會流血，但至少它能順利結痂。

你再也不用盯著他的頭貼發呆一整晚，想他是不是出去玩了，又有誰在他身邊，也不用糾結要不要主動發一則訊息過去，更不用再等著、期待著他的回覆了。

更重要的是，你再也不用失望了，儘管那個人曾經照亮過你的世界，讓你滿心歡喜，但你終於不愛他了，這未必不是一件好事，畢竟，以後的路還長著呢！

有些人錯過了就錯過了，沒有什麼好可惜的，互相告別之後，大家都別回頭。

Be Love. ed.

只要活著，就會有好事發生

電影院有部電影上映，名字是《我不是藥神》。

本人看了兩遍，哭了好幾遍，那句「誰家裡沒個病人？」讓我眼淚止不住地往下掉。

電影裡那些戴著白口罩的病人，他們的眼神和渴望，讓人心疼。

又看到個新聞：普吉島翻船了，遇難四十五人，失蹤兩人，都是中國遊客。

影像裡那些家屬到了泰國，在那裡放了鮮花，對著海說：「來，跟我一起回家吧。」

突然就想起了一句話：這世上除了生死，都是小事。

我有個朋友，一個極其可愛的少女，與她見過好多次面，她總是一副開心模樣。

前不久她還在計畫著去參加音樂節，難以預料的是，在她最美好的二十歲，她被檢查出患了嚴重的肝病。

然後她的生活就這樣突然地斷層了，迎接她的是噩夢一般的折磨，日復一日的看病、複檢、抽血、吃藥、昏睡。

原本活潑的她突然像是蒸發了一般，躲到某處陰影之下。只有在某個深夜至深的時刻，才會看到她發出一則動態貼文，不到一會兒，又被刪除，就像什麼都沒發生過似的。

我曾經因為工作的原因，不可避免地打擾到她，那是在下午一點多的時候，我給她發了很多次訊息都沒回覆，最後不得已給她打了個電話。

在這樣一個陽光明媚的午後，她才剛剛醒來，像是經歷了一場磨難，唇乾舌燥地對我說：「嗨，好久不見你了。」

於是，在簡單接完我的電話以後，她又像是動物似的陷入了漫長的冬眠。

我不敢想像這世上的一切病痛，真正發生在身上時候的那種感覺。

孤獨，恐懼，癲狂，絕望，折磨。

這個世界從來沒有感同身受，真正的痛苦只有患者自己能夠體會到。大部分旁人都只是帶上康乃馨，敲開病房，問候一句「會好起來的」，再立即投入自己的美妙生活之中。

病痛遠遠比我們想像得更可怕，我們也永遠無法預知明天是什麼在考驗著我們。

除了你自己，沒有人會理解你的苦難。如果你不小心走入了最漆黑的那段路，就真的只能一個人獨自走完那段路，別人愛莫能助。

所以啊，我希望你們好好愛護自己的生活。過上自律的生活，不要三餐不規律，不要熬夜。

不要因為和某某某分開就情緒崩潰，不要因為工作煩惱就吃不下飯。不值得！你要為了自己，更好地愛上這個世界。

往後的日子也別喪氣了，餘生好貴，請勿浪費。你要相信，只要活著，就會有好事發生。

YOU'RE
GOING TO
FEEL
BETTER
SOON

後來，我們還是成了陌生人

遇到一個很酷的小女生，我跟她很投緣，於是經常有一搭沒一搭地聊天。

有一天，我突然和她在微信上聊到年少時喜歡的人，她說：「你有沒有遇到過一個，你一見到他，就覺得你們以後肯定得要結婚的人啊？」我第一反應是又能空手套愛情故事了，於是爽快地回答她：「有啊，吳彥祖。」

她發來微笑的表情貼圖：「你別說，我當時覺得他比吳彥祖還好看。」那個男孩瘦瘦高高，眉眼含笑。兩個人窩在一起看偶像劇的時候，他會壓低聲音在她耳邊說：「好想娶你當老婆啊！」然後一個人紅了臉，抱著她不再說話。

兩個人也吵架，吵完了再和和氣氣地去最近的一家餐館吃麵，接著嘲笑對方吸食麵條的聲音。

男孩快過生日的時候，她每天急得團團轉，身上零用錢不多，就去兼職賺錢。這樣的心情很多人都有過吧，年少時候的喜歡，總是做足了一切，卻還覺得自己做得不夠多。

男孩後來知道了，特別開心地抱著她說：「這樣吧，我生日那天，你親親我好不好？」那時候的他們，是真的都想要一起走到最後的。後來兩個人分手的時候，她整天哭，哭得那段時間說話聲音都啞啞的，見誰都一副喪氣臉，朋友嫌棄她，說她有點出息好不好。

「可是沒辦法，明明他也很愛我，沒理由分開的，憑什麼我們要錯過。」她說大概就是這樣的心情。

我問她：「然後呢？」

「沒有然後啦，上上個月我去參加了他的婚禮，真的是氣死人啦，他居然一點都沒變醜，還是那麼好看，氣死我了。」

「你還愛他嗎？」我忍不住問。

「當然不愛啦，我連他的新娘長什麼樣都沒看清楚。」

真的很神奇吧，當年要死要活非他不嫁的一個人，現在一點感覺都沒有了，沒有遺憾，沒有心痛，就像看著一個陌生人娶了另一個陌生人一樣，內心沒有波瀾。

這麼多年，我也愛過好多人了，我覺得每個人都會遇到一個很愛、但是不能在一起的人，很多年以後，愛也好，恨也罷，那個放在你心裡真真切切存在過的人，都會成為不相干的別人。

什麼使你再也不會那麼熾烈地愛一個人

有人說，分手其實是一個極其緩慢的過程，就像要剪斷一根很粗的編織繩一樣，只有一根根編織在一起的細繩子都先後被剪斷，整個繩子才能被分成兩段。我也相信，所有的結束並不是突然發生的，其實在很早之前就留下了伏筆。

被愛的時候，我們都渴望戀情長久，可到了後來，兩個人都想放棄，哪裡還有天長地久。感情這東西，往往比我們想像中要脆弱得多。無論喜歡的時候兩人有多親密，一句分手，就能讓兩個人瞬間變成陌生人。

後來，你取消掉了他的特別關注和聊天置頂，刪掉了他的所有照片，還給了他送你的所有禮物，從此你的生活裡再也沒有他，他也永遠不再是你的。分手的那段時間，真的是你經歷過最黑暗的時期，每天夜裡以淚洗面，白天還要裝作若無其事。你時不時就會想起他，會翻看他有沒有重新加你好友，看他有沒有給你留言，有時候你一晚上夢見他七八次，迷迷糊糊看手機，還以為他給你發訊息了。

你開始反思自己當時是不是太衝動了，是不是脾氣太大，是不是做得不對……

你開始把分手的責任往自己身上攬，因為你太想他了，你想他回到你身邊。

作家張小嫻曾說：「也許有一天，當你長大了，受過太多的傷，失望太多，思慮也多了，你再也不會那麼熾烈地愛一個人。」你曾經很相信感情，很用心地去喜歡那個人，可你用那麼多的精力和心思談了一場戀愛，卻沒有得到任何結果。於是你再也沒有勇氣去追尋愛情，你以後都不想再談戀愛，真的連喜歡一個人都提不起勁了，你覺得對一個人心動實在是太難了。

你不是怕遇不上更好的人，而是怕花了很大的精力認識、相信、適應的那個人，最終還是失去了他。重新開始去認識一個人，真的很累，反正你已經一個人熬過了所有的苦難，更不會再對誰滿懷期待。後來你漸漸地開始了一個人的生活，一個人去上班、一個人去吃飯、一個人去逛街……

慢慢地，你發現一個人的生活，好像也沒有想像中的那麼糟。喜歡的東西自己買，喜歡的電影自己看，你的廚藝開始有了精進，你也不會再覺得房間黑有多可怕了。單身久了，真的會習慣這種生活，毫無拘束的感覺真的很好，不用為了小事和一個人吵架，不用相互猜疑，更不會為了誰去傷心、去賭氣、去熬夜，也不用指望誰會對你好。你只需要努力讓自己活得盡興就好，於是你開始相信，你可能會這樣孤獨到老吧。

其實你也想要談戀愛啊，只是真的不想再受傷了，不到你覺得可以萬無一失的時候，你都不會選擇開始一段新的戀情。你覺得自己陷入了兩難的局面，偶爾羨慕出雙入對的情侶，偶爾慶幸單身的自由。一方面你覺得自己一個人待著有點冷清，另一方面你又覺得找個看對眼的人真的是太難了。

如果非要一個人走入你的世界，你也剛剛好覺得他很不錯，那他一定要真心愛你才行。要麼不要開始，要麼就好好在一起，因為你真的沒有精力再失戀一次了。

醉過方知酒濃，愛過方知情重

朋友和我說過這樣一句話：「時間是人類永恆的敵人，很多人都怕它，但若你的愛情是好愛情，又怎麼會無故害怕時間會摧毀你的愛情呢？」

我反問她：「你是不是怕啊？」

她說：「我現在不怕了，我們分開了。」

然後她一臉故作輕鬆道：「我只是失去了一個現在不愛我的人而已，沒什麼大不了的。感情嘛，都是當時是真的愛過就好，不奢望最後能在一起。」

我想，壞的愛情理所當然會讓人感到害怕，好的愛情當然不會，因為好的愛情，帶給你的不僅是快樂和幸福，更會讓你學會成長，學會如何去與對方相處；相反地，壞的愛情只會讓你喪失自我，並且自甘墮落，可是有很多人都在擔心，好愛情會變成壞的愛情。

我以前的一個男朋友，我們分手後就互刪聯繫方式了。後來他又加我微信，我沒同意他加入，他就跑來微博私訊我，問我最近過得好嗎，我忽視了他，因為我一個人，真的過得很好啊！

不過有一天，我突然想起來，當初和他在一起的時候，有次吵架，兩人誰也不讓誰，他可能真的是氣極了，就把手機關機了。知道他關機後，我整個人都慌了，不停地給他發簡訊認錯，打了一百多通電話始終沒有接通，一直到晚上十點，那邊才開機，接通了電話聽到他「喂」的一聲，我就哭了。

我邊哭邊和他說，我以後再也不和他吵架了，希望他這次能原諒我，後來他見我哭成這樣才意識到事情的嚴重性，之後就一直安慰我、向我道歉。我想我那時候應該真的愛他吧。

雖然最後沒有在一起很遺憾，但是和他走過的路、遇見的人、經歷的事都印在了我的心裡，他也曾經把最好的都給過我，也真切地愛過我，我們分開時流的眼淚也是真的，我愛他是真的，但想想那都是那時候的事了，再真又能怎樣？只是這段往事會一直留存在我的記憶裡，多少年後，我或許又會在不經意的一些小細節裡，想起那個讓我淘盡所有，為其心甘情願付出的他。

醉過方知酒濃，愛過方知情重。愛過後，我們才知道，失去的比從來沒有愛過的要好、比從來沒有得到過的要好。雖然很多事情都成了過去，但是每次想起當初的那份甜蜜，心裡還是會酸酸的，我也會想，以後閒聊的故事有了。已經沒關係了，因為那時的我，真的愛過你。

往後餘生，我的世界再也沒有你

我承認我輸了，有時別人一說起你還記得那個人嗎？我的第一反應就是你，我知道我對你念念不忘，但以後再也不會了。刪了你之後，你也別再加我好友，別再發簡訊給我了，不是我不知道怎麼面對你才好，而是我真的一點也不想再面對你了。

你說過，分手之後還可以做普通朋友，我的答案是不行。我現在不想見你，不想聽你說話，也不想再愛你了，我們最好老死不相往來。

儘管過去我們深愛過，也相互傷害過，不過對我而言，那都是很久以前的事情了，用不了多少天，我就可以都忘光。

你可能不知道，剛分手那段時間我是怎麼熬過來的，什麼事情都不想做，每晚睡不著，閉上眼睛想到的都是你。我那時很想知道你的消息，想知道你在做什麼，去了哪裡，有沒有好好吃飯。

那段時間我真的很想聯繫你，但是我忍住了，現在我也逐漸習慣了一個人的生活，我用了很多盒的面紙擦眼淚，看了很多的電影，也把歌單循環了一遍又一遍來療傷，還好，最後我都放下了。

終於，你對我來說不再特別，你不再是那個可以讓我難過的人了，你在我心裡已經死掉了，所以我把你的聯繫方式刪掉了，讓你成為一個陌生人。

這段感情的結束，已經無從討論誰對誰錯了。我們之所以分開，只是因為我們註定是不合適的。無論其中的原因是什麼，責任在誰，現在都不重要，都沒有關係了，你也不用說對不起，我也懶得回答沒關係。

我現在很好，沒有你的日子裡，我不再熬夜等你消息，也不會胡思亂想了；沒有你陪我逛街，我也不會鬧情緒了，我自己與自己相處得很好。對於未來，我依然充滿希望，我也會期望將來還會遇到自己喜歡的人，只是那個時候待在我身邊的那個人，不會是你了。

我從來就不相信什麼破鏡重圓，也不會因為另一半的消失而痛苦到活不下去，我看得很開，有些東西失去了就失去了，與其小心翼翼維護，不如讓它碎得徹底，不能夠在一起的人，終究還是不會在一起的。所以，不如我們算了吧，過去無論是誰辜負了誰，都已經過去了，既然我們已經選擇了告別，那就這樣吧，你走吧，我不回頭。

親愛的，請抱抱我

有一天我發完文章之後，去樓下的雜貨店買了一包辣條（編按：中國大陸一種由麵粉或豆皮製作而成的零嘴點心。）想刺激一下味蕾，就這一會兒，就發現我的文章被某人檢舉了。做個迷人的反派真的是不容易，為了做一個良好市民，內容就沒以前那麼精彩了。

那段時間，剛好是颱風天，所以我下班之後，就和肥甜去菜市場多買了一包大米和一桶食用油，然後我也就藉颱風天買了一些零食以備不時之需。

心想著颱風要是颳大一點就好了，我就不用擠地鐵去上班了，在家帶薪吃零食看電視，多爽。

肥甜是我大學同學，畢業之後就和我一起找工作在同一個公司上班了。肥甜這個女孩，直率隨意的什麼心事都藏不住，然後和我吹噓了好久颱風來了的話怎麼怎麼樣。

不過，肥甜的心情也不太好，因為她也分手了，絕對是水逆的原因。

那天晚上，他男朋友給她發了簡訊：對不起，我們就這樣吧。男人都是這樣說分手的嗎？忽冷忽熱然後突然說掰掰了，害得我半夜陪她聊了很久，親眼看著她哽咽著抽完一整包菸。然後我們去便利商店吃泡麵。

每個失戀人都會找我傾訴，在樓梯口、在馬路邊、抽支菸、喝口檸檬茶，或者去便利商店吃泡麵。雖然傾訴地點不斷變化，但大家的心事都差不多。

我這裡大概是一個收藏心事事務所的地方。

不過有趣的是，我和她們說，抽完這支菸我們就回去吧，明天還要上班，她們都會拍拍屁股，深呼吸一下然後和我說好的。

成年人的糟糕情緒都不會自動消化的，只會憋回去不斷疊加繼續帶著生活。

坐在便利商店窗邊吃泡麵的時候，莫名的一陣熟悉感，然後就想起了電影《重慶森林》裡梁朝偉也是這樣在這裡發呆的。

感情很多時候，無法去評斷誰的對錯。只能感慨，你在他的生命中，來得太早或者來得太晚都不行。

獲得了喜歡，卻收穫不了愛情。

我記得王菲也在《花事了》中唱到：讓我感謝你，贈我空歡喜。

林夕曾經寫過一句歌詞是這樣：「但凡未得到，但凡是過去，總是最登對。」

那些我們未曾真正得到的人，他們終究只是一個過客，最適合我們的在下一個。

感情世界中，在最合適的那個時間，你在笑，一抬頭就會發現他在看你笑。你會突然覺得，一切都那麼美好。「原來哦，你也在這裡。」

往回走的路上，走到交叉口的時候我告訴她：「人與人真的講先後順序的，其實你沒有錯。」

肥甜和我說，知道了。

我打開雙臂示意讓肥甜過來，我大聲對著她說：「快點。」看著肥甜站著不知所措，我跑過去抱了抱肥甜。我和肥甜說，你看如果你不失戀我就吃不到便利商店的泡麵了，然後我就被肥甜「暴打」了。

……

我很喜歡擁抱，感覺比很多安慰的話都來得及時。

如果不開心的時候，請抱抱我吧。

原來你是我那麼用力愛過的人

我們總是擅長說忘記，忘記那些我們忘卻不了的事情；又擅長去懷念，懷念那些我們耿耿於懷的人，但是沒關係，能被拿出來懷念的，都已經過去了。

很多人都說，一段感情結束了，就要學會放下和忘記，放下兩人之間的種種過往，忘記兩人之間所有的快樂與愛。但是總有那麼一部分人做不到，他們既放不下過去，也忘記不了那份快樂與愛。

我以前經常和朋友出去聚餐，也認識了不少人，相處久了，他們就會說起自己的故事，各式各樣的都有。

印象比較深的，是有個年輕姊姊和我壓馬路，兩個人深夜兩點在路上一邊走一邊聊天，她跟我說了她的故事：「我以前有個很喜歡的男朋友，他也很喜歡我。我們第一次見對方的時候，他說我不好看，我也說他醜。但是後來他追我，每次一見到我就會問『我可以親你一下嗎？我可以抱一下你嗎？我可以拉你的手嗎？』每次我都會說不可以，但是每次他還是會親我、抱我、拉著我的手。

「再後來我們就在一起了，在一起的那段時間，我們過得很開心也很幸福，和他在一起，無論是吃飯、看電影還是單純地待在一起不講話，我都會感覺非常快樂。

「我刪了很多沒必要的『朋友』，我們還認真地規劃了未來，一起想像婚後的生活，想像往後的一日三餐，我被幸福的未來圍繞著，但是半年後，他家裡讓他出國留學了。他走的那天，我把他所有的聯繫方式都刪了，然後哭了一個晚上，他就像一個騙子一樣騙走了我的心，帶走了我所有的幸福、快樂，還有對愛情的信任，我又回到了以前一個人的日子。我身邊沒有了他，也不會再有他了。」

快到家的時候，她又說：「我特別想他，真的特別想。」

我問她：「想他，怎麼不去找他？」

年輕姊姊說他現在應該有女朋友了，她又何必再去干擾他現在的生活呢。

有首歌唱道：「用力愛過的人，不該計較。」我想，用力愛過的人，不該去想念。

物是人非，過去的都過去了，我們想那麼多，懷念的也不是那個人，而是那時的感覺。如果一段愛情讓你丟掉了愛人的能力，那絕對不是一場好愛情。如果你再投入下一段感情，依然能如魚得水地去愛，那肯定又有人質疑你對上一段感情的真心了。但是，我又覺得愛情這種東西，它是自己的，管別人怎麼說呢，過好自己的生活不就可以了嗎？

所以說，人在這個世界上是很矛盾的，錯過他的人是你，想念他的人又是你。既然分開了，還不如相忘於江湖，笑看愛與仇，誰也不要想起為好。

失去了，我才發現你有多好

朋友失戀了，三天瘦了六公斤，從南到北飛了過去，還是沒有結果。

我發訊息對他說：「你何必呢？」

那時的他在女孩的所在城市，他聽說女孩病了，卻不知道對方在哪裡治療。

他一家醫院一家醫院，一層樓一層樓地找，找到的時候，女孩不在醫院了。

他一邊整理她的床鋪一直哭：「過去都是她替我整理的，現在我才知道，自己摺被子摺得那麼糟糕。」

人是從什麼時候開始一瞬間長大的呢？

大概就是突然明白，紙揉碎了就恢復不了原狀，人離開了就再也回不來的時候。

在感情火熱，你喜歡他，他喜歡你的時候，你們根本沒想過，這一切會結束。

可是當兩個人的關係走到某個節點的時候，突然就戛然而止了。

你會後悔，你會遺憾，你會不知所措……

有太多的話與愛在心口難開，有太多的擁抱想給他，有太多以前想去做的事還沒開始。

但是，已經結束了啊。

所以我覺得，趁彼此還喜歡，還能懂對方，也願意傾聽對方心裡話的時候，好好地聊一聊吧，把自己對他的喜歡與思念，都告訴他。

等到彼此關係破裂了，就再也沒有那麼相談甚歡的氛圍，熱情對視的場景了。

你別不信。

從來就沒有什麼是堅不可摧的，愛情不過是心甘情願的你修我補。

珍惜這個詞，聽起來一點也不艱澀難懂，小孩子都明白。但是理解起來，卻要窮其一生，遭遇各種難過與煎熬。

所以，拜託你別去想那最後一張船票，也別去想什麼時候才是那班末班車。

你愛他的話，就好好珍惜，好好和他擁抱。

花更多的時間來說：「對不起」「謝謝」「我想你」「我愛你，你呢？」

我還喜歡你

有的人欣喜若狂，是因為遇見了對的人；有的人心滿意足，是因為有人給了他一個期待已久的擁抱；有的人夜晚好夢，是因為有人向他道了晚安。可有的人卻是另一個樣子，這樣的人在感情裡會時常害怕失去，害怕喜歡的那個人的溫度從指尖流失，極度想擁有對方，卻又害怕在某一瞬間弄丟他。

那種缺乏安全感的感覺，讓你無法感受到戀愛的甜蜜，讓你變得既敏感又心軟。別人隨便的一句話，你都要胡思亂想一整天。曾經小心翼翼地陪在他身邊想盡辦法讓他開心，你小心翼翼地維護這段感情，最後小心翼翼地離開。

斯人若彩虹，遇上方知有。有人喜歡彩虹絢麗如斯的美好，而你卻擔心它轉瞬即逝的現實。你每一個舉動都要瞻前顧後，時刻照顧著他的情緒，生怕一不小心會被他嫌棄。你看上去總是憂心忡忡，有時候你懷著滿心愛意，發現他毫無察覺，你就變得緊張不已，因為你在乎他，所以你覺得再怎麼對他好都不夠。到後來因為種種原因你們分開了，但是你卻還是活在那種漫無邊際的煎熬裡。

我大概這輩子也沒那麼固執過，明明你說不愛了，我還抱著一絲絲的希望，等你回頭再一次說你喜歡我。每一次我打算放開你時，你的一則訊息又把我擊潰了。

我真的很討厭現在的自己，想放下你又想厚著臉皮和你復合。我總是對自己說可不可以狠一點，再狠一點把你忘記。一定有很多女孩子都有和我一樣的經歷，我的朋友小婷就是這樣的。

「我們分手大半年了，但是他還是會和我聊天，關心我的近況，有時候我覺得我們還沒有分手，好像還在熱戀的時候。」小婷嘆了一口氣跟我說著，「他好像還喜歡著我吧，我覺得還需要再等等。」

我對小婷說：「你不如今晚果斷點，再問他一次，看看你們能不能從頭來過。」小婷猶豫了很久，沉思後點了點頭。

第二天，小婷發了很多訊息給我，其中一則是，「哈哈哈哈，他跟我說，他有女朋友了。」女生的第六感也有錯的時候，你覺得他還對你存有留戀，但他可能已經轉頭喜歡別人了。

很奇怪，戀人們分手後都會把最美好的回憶保存起來，卻忘記分手時吵得你死我活的樣子。喜歡你的感覺在我這裡溫存太久，以致我忘記我們之前是怎麼鬧翻的。如果再給我一次機會，我也許還會這樣，這種感覺真的太難受了。

我知道我只能永遠把你放在心底

「為什麼?你還在等誰?」

這是我提出分手後，你問我的問題，然後不知道我哪裡跳針了，很多天後的一個晚上，我就突然很想把我日日夜夜的想念告訴你。

「復合嗎?」

三個字，我打了刪，刪了打，記不清多少次以後，我鼓起不知道從哪兒來的勇氣，下定不知道從哪兒來的決心，按了發送鍵發送給你。

後來呢，也沒有後來了，你整整一夜沒回我。

我設想了很多種可能，你是不是沒玩聊天軟體?你應該沒睡醒吧?你應該在上班沒看到，你會不會沒網路了，你可能手機壞了。一直沒等到你的回覆，我就睡著了。

那天晚上我一夜的夢都被你承包了，手機要是有一點動靜，我就迫不及待地去解鎖查看，結果可想而知，都不是，你發了動態貼文，但你沒回我。大概抱殘守缺才是我做過最傻的事情吧，你又沒有要求我如何如何，我竟莫名其妙地為你如何如何。

我相信你也知道那不是我醉酒後的撩人話，也不是我遇到很多人後還是覺得你最好的回頭話，那只是我離開你以後思考很久的結果。

我愛喝礦泉水，奇怪的是每次去超市買水，在飲料櫃選半天猶豫不決，最後還是會拿一瓶礦泉水，就好像是我在外面遇到的人再多，繞了一個山路十八彎，心底還是你。

我也不知道有多喜歡你，我只知道遇到你之前，我只想一個人單槍匹馬去闖江湖，看看這五彩斑斕的世界。

可是遇到你之後我覺得江湖太遠了，我不去了，我愛上了陪你吃飯、和你一起生活，可你卻離開我了。

我從沒那麼明確地問過你，我們是否還能繼續在一起，就連這僅有的一次，也是我經歷了無數次猶豫後發給你的，唯獨怕你看到後嫌煩，把我的聯繫方式都刪掉。

關於想你這件事，躲得過對酒當歌的夜，躲不過四下無人的街。

你是我想在耳邊碎碎念的人，你是我想在下雨天和你去狂奔一場的人，你是我想一起迎接世界末日的人。

我本可以耐得住一個人的孤獨，是你給了我一個烏托邦式的愛情，你是我對純粹愛情的寄託，奈何我現在撲了一場空，落得空歡喜。

不是所有的感情都能失而復得，就像我和你。

大概也只有天知道我有多想你。我問你復合嗎，不是這天想復合，而是這天我憋不住了。怎樣都好，你別不回我。就算不行，我也還是想聽你親口說不可能。

別想他，別等他

聽歌的時候，我看到這樣一段對話：

「你忘記他了嗎？」

「我忘了。」

「可我還沒說是誰呢？」

有時候，有那麼一個人，在我們心裡就好像是一根刺，但是刺在心裡扎的時間長了，就變成了心頭的硃砂痣。他的名字就像和你用繩子綁在了一起，說起任何與過去有關的東西，你都會不由自主地想起他。

想念一個人的滋味，大概是看雲時雲是他，聽歌時歌是他，他就像是空氣在你的周圍環繞，但是你卻再也找不到他的存在。

這種感覺會一直讓人備受折磨，你無法真正地把他放下，又沒有辦法把他握在手裡，就像有人說過的那樣：「你越是下決心不想他，就會越是想他，因為決心不思念對方，正是思念對方。」

人們常說拿得起也要放得下，但是通常多的是求而不得、多的是無法放下。我見過看電影號啕大哭的女孩，也見過深夜買醉的男孩，我見過很多很多因為感情難過的人，也安慰過很多對我傾訴過的人。

每個人難過都有自己的理由，愛而不得，或者沒有珍惜。太多太多的告別，千奇百怪的失去，都有各自的理由和苦衷。但你要相信，你最狼狽不堪的時刻，絕對是你沒有忘記他的時候。

真正的放下，從來不是大張旗鼓地宣布你要離開他，當你真的要離開他時，你不會向全世界宣布，你會輕輕將他的門關上，然後默默離開。

放下一個人，是一件很困難的事，越是刻意越是無法忘記。直到有一天，當你再聽到他的聲音，不會覺得心頭一顫；再聽到有關他的事情，不會反覆揣摩。等你們再見面的時候，就像是老朋友一樣，你心裡沒有一點波瀾，只有臉上淡淡的微笑。再見不會紅著臉，也不必紅著眼，兩個人之間無須任何懷念，這或許就是真正地放下了。

年少時候的喜歡，可能是因為一個眼神，因為一首歌，但是喜歡和愛，真的像一瓶汽水一樣，在激烈晃動下不斷地向外噴射自己的熱情，當精力耗盡後最終變成了普通的甜水。所以，算了吧，這個世界又不是只有他一個人。

你要相信，會有那麼一個更酷更棒的人出現，他會為你做你喜歡吃的菜，而你就在客廳看電視逗貓。你們兩個人一起牽手，去看花開、去看日落。

你這麼好，就該早點從不值得的愛情中走出來，你要相信一定會再有一個人願意握住你的手，一直對你好。

往事互不相欠，餘生各自安好

我突然意識到，人生根本沒辦法重來，就算重來一遍，你可能依舊不會再喜歡我。

怎麼來形容我曾經對你的感覺呢？就像冬天裡帶給我溫暖的衣服，無論如何我也離不開你。

可是現實總愛開玩笑，越是覺得離不開的人，最後卻總是離開了我們，在我深信你不會走的時候，你決絕又徹底地離開了我。你在為我編織了一場浪漫溫暖的美夢之後，瞬間從我身邊抽離。

朋友對我說：「你們的感情，從一開始就是不對的。你太依賴他了，而他對你的愛在日益減少。」

其實朋友說的大道理我怎麼會不懂，畢竟我聽過那麼多情歌，看過那麼多言情小說。也是可笑，常常自詡人生導師，還頭頭是道開解別人的我，卻不能理清自己的感情，可能這就叫清官難斷家務事吧。

才分開不久的時候，我總覺得是你虧欠了我太多，我總說我的一片真心餵了狗，向朋友抱怨過無數遍你是一個可惡的渣男，但我自己知道，我們也曾有過開心的瞬間，只不過我真的很難過，因為你愛的永遠是我愛你，而你厭倦的也是我愛你。

這個世界好像沒有誰會一直等誰，因為每個人都很忙，我也沒有在等你，只不過有些時候，我會在不經意間想起你。你離開以後，我也沒有一蹶不振，我按時吃飯，偶爾熬夜，經常和朋友出去大餐一頓，沒了你，我好像過得挺好的，只是偶然聽到你愛聽的歌、看到和你相似的背影，我還是會愣一下。你的來到和離開，就像一陣風一樣，帶給我無法捕捉又舒適的涼意後慢慢消失掉。

我曾怨你、我曾恨你，我曾埋怨你不肯帶我一起走漫漫長路。我曾懼怕孤軍奮戰在這個世界，可是你走的時日久了，我竟然也就習慣了空蕩蕩的感覺，只是天氣好的時候，會突然很想你，忍忍，也就把想念收回來了，我要將我愛你努力變成我愛過你。

你為我編織了一場空的美夢，我覺得你沒有給我足夠的愛，你認為我沒有給你足夠的時間，感情這回事沒有絕對的對與錯，所以離開，就不要再見。以後，我們互不相欠，反正，過去了的就過去了，現在也該翻頁了。

即使身處逆境，也要心向陽光

記得有一段時間，有個朋友說她失戀了。他們是在一起很久的那種，見完家長都要登記結婚了，然後她發現男孩子在微信裡和其他女孩搞曖昧，於是朋友果斷地分手了。

那幾週，我再沒聽過她的消息，直到後來見她，她瘦了一圈，但是狀態總的來說還不錯。我問：「你肯定心裡很苦，但沒見你提起過。」她回我：「有什麼好提起的呢？」很多事，對自己是事情，對別人來說只是故事。

在這座城市，每個季節，每條街道，每個人每天都在發生或喜或憂的事情。人生無常，歲月長短哪會像喜劇裡面演得那麼浪漫。其實，讓你從一個孩子走向成熟的時刻，不是在學校逍遙的時候，也不是男歡女愛的時候，而是你人生中最痛苦孤獨的那幾年。

這段時間，你孤立無援，前途一片渺茫。可是，這幾年也是一生中獨一無二的日子，讓你逐漸學會獨處，學會隱忍，學會獨立思考，學會了適應一個人的寂寞。

說到底，二十多歲的年紀，一切美好的事情都有可能會發生，一切糟糕的事情也都可能會發生。

這個世界上，真的有很多人活得很不容易，然而我們終歸還是要靠自己。生活的艱辛和不幸總是接二連三地打擊著你，慢慢地你會領悟到，誰都無法理解你，包括你的親人，在這個世界上，從來就沒有感同身受這回事。

你覺得自己心都碎了，其實別人一點兒都體會不到，他們看你表情陰鬱，會給你投來同情的目光，但是他們依然要過自己的生活，所以，別把希望寄託在別人身上，別要求別人懂你的感受，即使你叫得再大聲也是白費功夫。

人世間，各人有各人的苦惱，有些事情只有自己能理解，不要指望別人能理解你。有些話不適合說給任何人聽，只適合爛在心裡。

我們都只是普通人，我們多半都要面對學業的壓力、工作的失意、生活的窘迫……

沒有人在乎你為什麼要在深夜痛哭，沒有人在乎你輾轉反側地要熬幾個春秋。生活就是這樣啊，充滿酸甜苦辣，讓人百感交集，所以即使你身處逆境也一定要扛住啊，因為很多很美好的事情還在等你，那個對的人也在不遠的地方等著你。

你要相信你會變成你最喜歡的模樣，嫁給你喜歡的人，住進你喜歡的房子。

謝謝你曾經喜歡我

之前看過一部電視劇，我對劇裡女主角對男主角說的一句情話非常有認同感：可愛是最高級的形容詞，如果認為對方很帥，當看到對方不好的地方時，幻想就會破滅，但如果認為對方很可愛，無論對方做什麼，你都會覺得好可愛，都會被他的可愛俘虜得五體投地。

老林喜歡過一個比她小好幾歲的男孩，我只見過一面，老林不常帶他出來見我們這些老朋友，說怕我們嚇著他，我笑她還有這麼護犢子的時候呢！

男孩不是我們以為的那種清爽開朗的少年模樣，就是憨憨的，笑起來特別傻，但是肩膀特別寬厚，看起來是能把老林完完全全罩在懷裡的可靠模樣。

老林跟我炫耀：「你知道他多可愛嗎？有一年冬天，他剛脫完衣服準備洗澡的時候，我正好給他發了個訊息，他就一直光著跟我聊，過了二十分鐘他才感覺到冷。」

我配合地發出感嘆：「你男朋友真是好可愛！」其實我當然知道，這一切都是因為喜歡呀，你是我重要的人，即使我正在洗澡也要立刻回覆你訊息，也因為喜歡你，即使你蠢得不像樣子我也欣然接受。

我們大多都長成了得體禮貌的成年人，大家都很忙，沒有人很閒，誰的一天不是二十四小時，但我們願意將時間浪費在重要的人身上，因為你，其他的事就變得無關緊要。我們只要聊著天，就能感受彼此的愛意，好像我已經擁抱了你，你親吻了我一樣。

但老林後來還是跟那個男孩分手了，分手原因，大抵還是兩個人能達成共識的地方太少，老林覺得男孩有時太幼稚，大家想問題的角度都不一樣，常常一言不合就吵架，男孩很會哄人，老林心一軟不管不顧又撲了上去，但是循環往復，吵著吵著就累了。

老林對男孩說：「我不能耽誤你，你還是去找個年輕漂亮的小女生談戀愛吧，你別耗在我這兒了。」這話其實有一點傷人，但這確實是老林的心裡話。

過了一段時間，老林在一個忙得要崩潰的晚上找我出來喝酒，她醉意微醺地對我說：「真是奇怪，居然就再沒碰到過一個可以秒回我訊息的人了。」她接著說：「你知道嗎？我們還在一起的時候，他經常問我是不是嫌他煩、嫌他太膩太纏著我，我說才沒有，你可愛死了。」

「真的，他特別可愛，有一次他發燒，我要去幫他買藥，他說不行，要我陪他，我說買完就回來，他說不行不行，然後就拉著我的手怎麼也不讓我走，臉都燒紅了還一直喊我名字，我當時就想啊，這會不會喜歡我喜歡得想跟我結婚了。」

沒等她說完我就打斷了她，我說她既然知道男生的好為什麼不好好珍惜。老林不說話了，我說她別太貪心了，哪裡有成熟不黏人，還喜歡她喜歡得不要命的人呢？老林頓了一會兒說：「我就是突然覺得難過。」

人有時候就是很奇怪，總是在放棄後才懂得珍惜，最後只能在自己的內心說一句：「很難過我辜負了你的喜歡，也謝謝曾經那麼可愛還那麼喜歡我的你。」

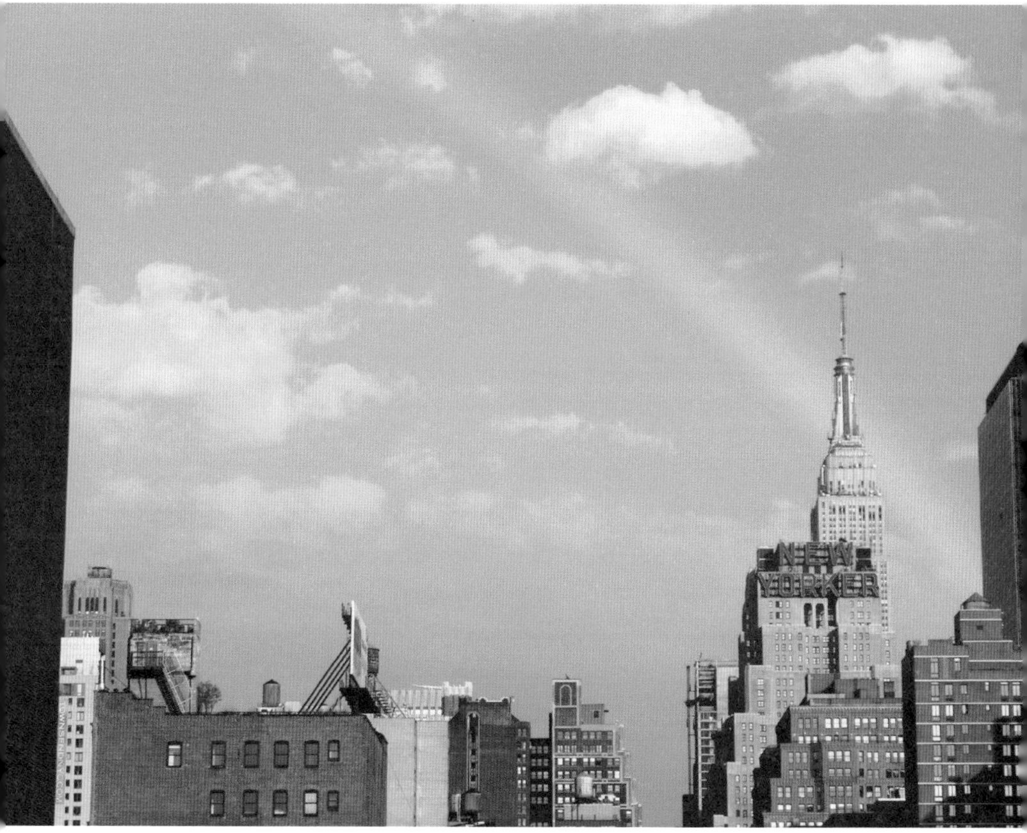
NEW
YORKER

高寶書版集團
gobooks.com.tw

GLA 046
世界欠我一個你

作　　者　小館長
特約編輯　林婉君
助理編輯　陳柔含
封面設計　陳采瑩
內頁排版　賴姵均
企　　劃　何嘉雯

發 行 人　朱凱蕾
出　　版　英屬維京群島商高寶國際有限公司台灣分公司
　　　　　Global Group Holdings, Ltd.
地　　址　台北市內湖區洲子街88號3樓
網　　址　gobooks.com.tw
電　　話　(02) 27992788
電　　郵　readers@gobooks.com.tw（讀者服務部）
　　　　　pr@gobooks.com.tw（公關諮詢部）
傳　　真　出版部(02) 27990909　行銷部 (02) 27993088
郵政劃撥　19394552
戶　　名　英屬維京群島商高寶國際有限公司台灣分公司
發　　行　英屬維京群島商高寶國際有限公司台灣分公司
初　　版　2020年03月

原著：世界欠我一個你／小館長 著
通過北京天雪文化有限公司
授權給高寶國際有限公司台灣分公司

國家圖書館出版品預行編目(CIP)資料

世界欠我一個你／小館長作; -- 初版. -- 臺北市：
高寶國際出版：高寶國際發行, 2020.03
　面；　公分. --

ISBN 978-986-361-803-4(平裝)

1.戀愛 2.兩性關係

544.37　　　　109000823